LA GUERRA DEL TAMAÑO DE BLOQUE

LA GUERRA DEL TAMAÑO DE BLOQUE

LA BATALLA SOBRE QUIÉN CONTROLA LAS REGLAS DEL PROTOCOLO DE BITCOIN

JONATHAN BIER

TRADUCCIÓN

GONZALO COELHO

KONSENSUS NETWORK

LA GUERRA DEL TAMAÑO DE BLOQUE: La batalla sobre quién controla las reglas del protocolo de bitcoin

Traducción: Gonzalo Coelho

Edición: @nonymous

Composición tipográfica: Gonzalo Coelho

Impresión y distribución: Konsensus Network

ISBN 978-9916-723-25-8 Tapa dura
978-9916-723-26-5 Tapa blanda
978-9916-723-27-2 Ebook

KONSENSUS NETWORK ★

https://konsensus.network

ÍNDICE DE CONTENIDOS

PRÓLOGO DEL TRADUCTOR

Este libro relata una serie de eventos y hechos que considero críticos en la historia de bitcoin. Las garantías que este ofrece son posibles en parte gracias a la criptografía, pero en mayor medida por la estructura de incentivos subyacente al protocolo. Los hechos relatados son testimonio de lo dificultoso que puede resultar cambiar las reglas de consenso del mismo. Si se llegara a un acuerdo entre mineros, desarrolladores destacados y grandes empresas para realizar un cambio menor en estas reglas, la filosofía de bitcoin sufriría un impacto trascendental. Algunas de las preguntas que responde este libro son: ¿Se pueden cambiar las reglas de bitcoin para beneficio de unos pocos? ¿Cuánto dinero, poder e influencia es necesario para realizar dicho cambio? ¿Es posible sin el apoyo generalizado de los usuarios?

Este libro cuenta con 180 links a distintos sitios web que respaldan el relato del autor. Al final de cada capítulo, en la sección de "Notas" se pueden encontrar las URLs de cada uno. En la versión para Ebook estas pueden ser clickeadas para visitar la página seleccionada. Los lectores que posean el libro físico podrán escanear los códigos QR correspondientes a cada página web.

Gonzalo Coelho
linkedin.com/in/gonzalo-coelho

INTRODUCCIÓN

Este libro cubre la guerra del tamaño de bloque de bitcoin, que se libró desde agosto de 2015 hasta noviembre de 2017. En la superficie, la batalla era sobre la cantidad de datos permitidos en cada bloque de bitcoin, sin embargo, expuso cuestiones mucho más profundas, como quién controla las reglas del protocolo de bitcoin. No es posible abarcar todos los giros del laberíntico conflicto ni todos los argumentos, pero he proporcionado una cronología de los acontecimientos más significativos. Este libro explora algunos de los principales personajes del conflicto e incluye una cobertura, tanto desde el frente como detrás de escena, durante algunas de las fases más agudas de la lucha. El relato de este libro incluye conversaciones con los principales protagonistas de ambos bandos durante la guerra, explorando sus motivaciones, estrategia y procesos de pensamiento a medida que avanzaba y se desarrollaba la agotadora campaña.

Al momento de escribir este libro, a principios de 2021, la batalla sobre el tamaño de los bloques de bitcoin parece ser historia antigua. Sin embargo, es posible que los recién llegados a este espacio no aprecien el nivel de intensidad con el que se libró la batalla y lo hostil que acabó siendo cada bando hacia el otro. El grado de implacabilidad y perseverancia que las partes enfrentadas mostraron durante este periodo fue notable, lo que indicaba lo importante que era bitcoin para ellos y lo vital que era asegurar que bitcoin se desarrollara de la forma que ellos consideraban necesaria. Puede ser difícil de apreciar ahora, pero bitcoin estuvo razonablemente cerca de un fracaso catastrófico.

Por comodidad, en este libro los dos bandos se denominan *"big blockers"* y *"small blockers"*, aunque en realidad esto es una simplificación excesiva y los grupos no eran homogéneos. Los relatos que aparecen en este libro se basan en mi memoria. Pido disculpas de antemano por cualquier inexactitud en mis recuerdos.

CAPÍTULO 1

PRIMER ATAQUE

Era sábado, 15 de agosto de 2015, cuando se produjo un acontecimiento que tomó a muchos en el espacio bitcoin por sorpresa y sacudió a la comunidad por completo. Dos de los desarrolladores de bitcoin más prominentes y respetados del momento, Mike Hearn y Gavin Andresen, habían lanzado y apoyado respectivamente una nueva versión incompatible de bitcoin. Este nuevo cliente se llamaba Bitcoin XT. Bitcoin había ofrecido tanta esperanza, entusiasmo y oportunidad a muchos, y ahora parecía como si este acto fuera a enviar al sistema al desorden, al peligro y a la catástrofe potencial. Como dijo el periódico The Guardian el lunes siguiente:

Las guerras de bitcoin han comenzado[1]

A primera vista, la guerra parecía centrarse en una cuestión razonablemente estrecha: el tamaño máximo de los bloques que componen la cadena de bloques de bitcoin. Bitcoin XT era una propuesta para aumentar la cantidad de espacio disponible en los bloques. En 2015, el tamaño máximo de los bloques era de 1 MB y Bitcoin XT quería aumentar este límite a 8 MB y luego duplicarlo cada dos años hasta 2036, cuando el límite sería de unos 8.000 MB. La razón de esto era que los bloques serían cada vez más grandes a medida que el sistema se hacía más popular, y el límite del tamaño de bloque estaba a punto de alcanzarse, lo que daría lugar a bloques completos. Los defensores de este incremento argumentaban que era necesaria una mayor capacidad para garantizar que bitcoin pudiera escalar y convertirse en un sistema de pagos global y barato. Les preocupaba que, si se alcanzaba el límite con regularidad, la red se volvería difícil de usar y demasiado cara, lo que perjudicaría las posibilidades de crecimiento del sistema. Para Gavin y Mike, nos dirigíamos hacia una crisis en la que los usuarios podrían ser expulsados de la red, y era necesario actuar. Los oponentes de Gavin y Mike estaban preocupados por la liberación del cliente incompatible, temiendo que pudiera dividir la red en dos, causando caos y confusión.

Esta guerra por el tamaño de los bloques destrozaría y dividiría el ecosistema durante los dos años siguientes. A medida que la guerra avanzaba, se hizo evidente que la lucha era quizás más compleja que únicamente por el tamaño máximo de los bloques; la batalla llegaba hasta el núcleo del ADN de bitcoin. La contienda giraba esencialmente en torno a cuatro cuestiones en cierto modo interrelacionadas:

1. **El nivel de espacio de bloque disponible en cada bloque de bitcoin** - Esencialmente, si el estado final debería consistir en capacidad excedente disponible en los bloques, o bloques consistentemente llenos.

2. **Cómo modificar las reglas del protocolo bitcoin** - Si las reglas sobre la validez de los bloques de bitcoin deberían cambiar con relativa facilidad, o si deberían ser más robustas y solo cambiar en circunstancias excepcionales, con un amplio apoyo de todas las partes interesadas.

3. **La importancia de los nodos de usuarios ordinarios** - La medida en que, en su caso, los nodos de validación de los usuarios finales ordinarios tenían voz en la aplicación de las reglas del protocolo de bitcoin.

4. **Preferencias temporales** - Si bitcoin era como una *startup* tecnológica que debía priorizar ganar mercado a corto plazo; o si era un proyecto a largo plazo, una nueva moneda global, y había que pensar con décadas de antelación a la hora de tomar decisiones.

En este punto, sin embargo, la mayor parte de la atención se centró específicamente en la cuestión del límite del tamaño de los bloques. La comunidad estaba prácticamente de acuerdo en que el límite de 1 MB era demasiado pequeño. Sin embargo, no había consenso sobre cuál debería ser o cómo cambiarlo. La mayoría también parecía estar de acuerdo en que el aumento propuesto en Bitcoin XT era demasiado agresivo y que se necesitaba algo más moderado.

El primer movimiento en esta guerra lo hicieron Mike y Gavin, parte del llamado bando de los "big blockers". Tenían que dar el primer paso; al fin y al cabo, sus oponentes estaban a favor del statu quo. Mike y Gavin habían hecho esta propuesta varios meses atrás, sin embargo, es en agosto de 2015 cuando el cliente fue lanzado oficialmente y animaron a la gente a ejecutarlo, por lo tanto, es en ese momento cuando marcamos el inicio formal de las hostilidades. Esto no quiere decir que Mike y Gavin consideraran lo que estaban haciendo como un acto hostil o que actuaran con maldad; una guerra es simplemente la forma en la que lo estoy presentando en este libro.

Bitcoin XT era una implementación de software de la Propuesta de Mejora de Bitcoin 101 (BIP 101), una de muchas en una larga línea de propuestas para aumentar el límite de tamaño de bloque. Esta propuesta fue publicada formalmente por primera vez por Gavin Andresen, unos meses antes, el 22 de junio de 2015. El software no podía limitarse a aumentar el límite; necesitaba una metodología de activación, un sistema para intentar que la propia red bitcoin adoptara las nuevas reglas. La metodología de activación elegida en este caso consistió en un *flag day*[2] y un umbral de señalización por parte de los mineros. El punto de activación más temprano era el 11 de enero de 2016, unos cinco meses. Además, la activación requería el voto de los mineros de bitcoin. Los mineros tendrían que señalizar en los bloques que produjeran que habían actualizado su sistema de acuerdo con la propuesta. Si 750 bloques señalaban su apoyo, en cualquier ventana móvil de 1.000 bloques, la actualización se activaría. Después de esto, habría un periodo de gracia de dos semanas antes de que la norma entrara en vigor y el límite de tamaño de bloque aumentara de forma definitiva. Si los mineros no alcanzaban este umbral del 75%, la propuesta se consideraría un fracaso.

El software Bitcoin XT fue extremadamente controvertido dentro del llamado bando de los «*small blockers*», principalmente porque se trataba de una actualización incompatible con la red. Lo que esto significa esencialmente es que cualquiera que ejecute un nodo bitcoin que valide todas las reglas estaría obligado a actualizar su software. Si todo el mundo no se pusiera de acuerdo para actualizar, según la cosmovisión *small blocker*, esto podría provocar que bitcoin dividiera en dos monedas diferentes. Este tipo de modificación se conoce como *hardfork*, la forma más extrema de actualización posible. Este tipo de modificación puede, esencialmente, cambiar bitcoin de cualquier manera, desde aumentar el límite de la oferta de bitcoin por encima de 21 millones, hasta quitar cualquier moneda a cualquier propietario y dársela a cualquier otro. Muchos bitcoiners tenían la idea preconcebida de que no se puede, o no se debe, llevar a cabo un *hardfork* sin antes asegurarse de que existe un apoyo generalizado entre los usuarios de la red. Para ellos, esta característica era lo que hacía resistente a la red; significaba que nadie podía quitarles sus monedas y garantizaba que el límite en la oferta de 21 millones fuera firme. Esto se consideraba la razón de ser de bitcoin. Por tanto, algunos consideraban que solicitar un *hardfork* sin consenso era un ataque a la red. Otros claramente no estaban de acuerdo; pensaban que bitcoin necesitaba ser flexible para tener éxito y crecer y, con respecto al asunto concreto en cuestión, el límite de tamaño de bloque, no era un cambio importante. Consideraban que sacar a colación el límite de suministro de 21 millones no era más que un ejemplo de la falacia de la pendiente resbaladiza, y una distracción.

La tensión en torno a esta cuestión se había ido acumulando en la comunidad durante años, muy por debajo de la superficie. En ese momento, sin embargo, esta diferencia ideológica clave salió a la luz y quedó expuesta a la vista de todos. Al tratarse de un sistema abierto, ya no era posible ocultar este desacuerdo al público.

El 24 de agosto de 2015, solo nueve días después del lanzamiento de Bitcoin XT, se publicó una carta de apoyo de algunas de las mayores y más importantes compañías del sector.

> *Nuestra comunidad se encuentra en una encrucijada. El debate sobre qué camino tomar ha sido, en general, sano, y no hemos interpuesto nuestras propias posiciones ni interferido en el discurso. Hasta hoy, nuestra participación ha consistido en escuchar, investigar y probar.*
>
> *Creemos que el trabajo ha concluido y es hora de comunicar nuestro punto de vista de manera clara y transparente. Después de largas conversaciones con mineros, nuestros propios equipos técnicos y otros participantes de la industria, creemos que es imperativo que planifiquemos para el éxito aumentando el tamaño de bloque.*
>
> *Apoyamos la implementación del BIP101. Hemos encontrado convincentes los argumentos de Gavin tanto sobre la necesidad de bloques más grandes como sobre la viabilidad de su implementación, salvaguardando al mismo tiempo la descentralización de bitcoin. El BIP101 y los bloques de 8MB ya cuentan con el apoyo de la mayoría de los mineros y creemos que es hora de que la industria se una detrás de esta propuesta.*
>
> *Nuestras empresas estarán preparadas para bloques más grandes en diciembre de 2015 y ejecutaremos código que lo soporte. A medida que crece nuestra comunidad, es esencial — ahora más que nunca — que busquemos un consenso sólido para garantizar la confiabilidad de la red. Nos comprometemos a apoyar BIP101 en nuestro software y*

sistemas para diciembre de 2015, y animamos a otros a que se unan a nosotros.[3]

La carta estaba firmada por los directores ejecutivos de BitPay, Blockchain.info, Circle, Kncminer, itBit, Bitnet, Xapo y BitGo. No solo se trataba de algunas de las mayores empresas del sector, sino que muchas de ellas contaban con una buena financiación y un considerable respaldo empresarial. BitPay era uno de los mayores procesadores de pagos comerciales y Blockchain.info era el proveedor número uno de *wallets* de bitcoin. Esta carta agravó aún más la situación. Por un lado, era vital que la industria se comprometiera con los problemas de desarrollo y ayudara a que las cosas progresaran, mientras que algunos en el otro lado consideraban que este era exactamente el enfoque equivocado. Se suponía que bitcoin debía funcionar desde la base, de abajo a arriba, impulsado por los usuarios; presionar desde arriba a abajo por parte de grandes corporaciones socavaba todo el sentido de bitcoin. Según los *small blockers*, Gavin debería haber centrado más sus esfuerzos en presionar primero a los usuarios, tratando de conseguir su aceptación para bloques más grandes antes de pedir a la industria que ejecutara el nuevo e incompatible cliente. Según ellos, esto sería más ético y, sobre todo, más eficaz.

Uno podría también pensar que Gavin se dejó llevar por su ego. Tras muchos años de discusiones frustrantes, puede que estuviera ansioso por demostrar a los demás desarrolladores su poder e influencia. Había presionado para conseguir el apoyo de los que consideraba los principales agentes del espacio, la industria. Gavin tuvo así la oportunidad de demostrar a los desarrolladores que se le oponían que apenas importaban, que las principales empresas del sector ni siquiera sabían quiénes eran. Sin duda, esto enfureció aún más a sus oponentes, que sostenían que estos actores de la industria no marcaban la diferencia.

Ahora es probablemente un momento apropiado para hablar un poco sobre Gavin Andresen. Bitcoin fue, por supuesto, creado por Satoshi Nakamoto. Más concretamente, Satoshi diseñó el sistema, escribió y publicó la implementación inicial de referencia de bitcoin, con varios *bugs*[4], y fue el autor del *white paper*[5]. Poco menos de dos años después del lanzamiento de la red, en diciembre de 2010, Satoshi abandonó el proyecto. A partir de ese momento, Satoshi dejó de contribuir al código y dejó de hacer comentarios en el foro. Gavin explica cómo, en su mente, asumió el liderazgo del proyecto:

Con el tiempo [Satoshi] confió en mi juicio sobre el código que escribí. Y finalmente, me engañó porque me preguntó si estaría bien que pusiera mi dirección de correo electrónico en la página principal de bitcoin, y le dije que sí, sin darme cuenta de que cuando pusiera mi dirección de email allí, quitaría la suya. Yo era la persona a la que todo el mundo enviaba un email cuando quería saber algo sobre bitcoin. Satoshi comenzó a retroceder como líder del proyecto y me empujó hacia adelante como nuevo líder.[6]

En el momento del supuesto traspaso, el software de bitcoin estaba publicado en Sourceforge y, en enero de 2011, dos personas figuraban como mantenedores, Satoshi y Gavin. El relato de Gavin es, por supuesto, controvertido y sus oponentes afirman que no hay pruebas de Satoshi del supuesto traspaso. En particular, la afirmación de "líder del proyecto" parece improbable y sin fundamento. Bitcoin no tiene líder. Gavin tenía el control del repositorio de software de bitcoin en Sourceforge, y más tarde en GitHub, hasta que lo cedió a Wladimir Van Der Laan varios años después, en abril de 2014. El control de un repositorio de software, por supuesto, no significa control sobre bitcoin, ya que los usuarios de bitcoin pueden ejecutar cualquier software que deseen, desde cualquier repositorio que deseen. Esta idea errónea ha perdurado durante años. Sin embargo, es probable que la afirmación de Gavin sobre una transición de Satoshi hacia el sea algo cierta, incluso si las afirmaciones de liderazgo son un poco exageradas.

Sin embargo, centrarse en el controvertido relato de la transición de Satoshi a Gavin, o en el rol técnico y el poder de Gavin con respecto al repositorio de software de bitcoin, no es la cuestión en absoluto. La gente de ambos lados de la guerra no dejaba de hacer estas puntualizaciones, pero en realidad no importaba. La influencia incuantificable que Gavin tenía en el espacio se debía a su personalidad y liderazgo. Sin embargo, esto era más difícil de articular, así que la gente se centró en cómo y si Satoshi le entregó el proyecto. La clave para entender el papel de Gavin en la comunidad en aquel momento es su personalidad. En sus mensajes en los foros públicos y en los eventos, se lo veía paciente, reflexivo, tranquilo y pragmático. Son estos rasgos de su personalidad y sus dotes de liderazgo los que lo hicieron destacar entre los demás desarrolladores más que ninguna otra cosa. Cuando Gavin hablaba, la gente lo escuchaba; parecía razonable y se tomaba su tiempo para explicar las cosas. Esto contrastaba fuertemente con algunos de los otros desarrolladores, a quienes a veces se consideraba intolerantes con los que tenían menos conocimientos técnicos, o que preferían permanecer en la sombra. Gavin tenía este nivel de influencia sobre la comunidad técnica por ser quien era, no por un traspaso de poderes.

Gavin también contribuyó significativamente a bitcoin en los primeros años. En 2010, Gavin compró 20.000 bitcoin por 50 dólares. A continuación, creó un *faucet* de bitcoin, o sitio web para regalar los bitcoin. Todo lo que la gente tenía que hacer era completar un Captcha y luego se les enviaría alrededor de cinco BTC de forma gratuita. Esto contribuyó en gran medida al éxito de la red en sus inicios al distribuir las monedas a un gran número de personas. La gente no entendía realmente bitcoin por aquel entonces y era poco probable que enviara dinero real a algún lugar para comprar monedas en un sistema no probado. Completar un Captcha, por otro lado, era un paso inicial mucho más fácil. Gavin también cofundó la Fundación Bitcoin en 2012, de la que fue miembro del consejo. Además de otras funciones, una de las principales responsabilidades de la fundación era pagar a Gavin por trabajar en el desarrollo de bitcoin. Gavin fue, por tanto, el primer desarrollador de bitcoin remunerado. Gavin permaneció en la fundación, con el título de director científico, hasta mediados de 2017.

Es difícil exagerar el respeto que inspiraba Gavin a muchos miembros de la comunidad bitcoin. Muchos lo consideraban el "tipo principal". Había profundas disputas en la comunidad técnica, pero el observador casual del sector no sabía mucho de ellas. Para muchos, Gavin era en gran medida la persona clave en el espacio. Es en este contexto en el que se debe juzgar la decisión de Gavin de apoyar a Mike en el proyecto Bitcoin XT y animar a los usuarios a utilizarlo. Fue un momento decisivo por ser Gavin quien era. Si lo hubiera hecho cualquier otra persona, el impacto no habría sido tan significativo y no se habría producido ninguno de los acontecimientos que siguieron.

En cuanto a Mike Hearn, también fue uno de los primeros desarrolladores de bitcoin, habiendo empezado a trabajar en bitcoin como parte de su proyecto del 20% de tiempo libre mientras trabajaba en Google.[7] Sin embargo, Mike no estaba tan involucrado en la implementación de referencia principal como Gavin. Se lo consideraba más un forastero y una persona más arriesgada que Gavin, que daba la impresión de ser más conservador, moderado e impulsor del consenso. Mike había trabajado mucho en Bitcoinj, una biblioteca Java para trabajar con el protocolo bitcoin, que hizo posibles las *wallets* móviles de la época. Fue sin duda una contribución importante e impresionante al espacio.

A medida que la guerra se intensificaba en agosto de 2015, la batalla era más intensa y hostil en las redes sociales. Las dos plataformas principales para debatir sobre bitcoin en ese momento eran el foro BitcoinTalk y el subreddit de bitcoin, /r/bitcoin. El debate en Reddit y BitcoinTalk se había intensificado durante un tiempo, pero el lanzamiento de Bitcoin XT realmente aceleró la naturaleza vitriólica de la discusión. En general, la mayoría de los mensajes eran a favor de bloques más grandes. El mensaje de los *big blockers* era claro y simple: Bitcoin necesitaba más capacidad. Para el observador casual, los argumentos en contra eran, normalmente, muy complejos y algo confusos. Además, 1 MB parecía una cifra baja y la historia de la informática habla de una capacidad que crece exponencialmente. Ante la frustración de muchos, en el verano de 2015 los foros de bitcoin se llenaron de posts de apoyo a bloques más grandes y soporte para clientes incompatibles. Había tantos posts repetitivos que cada vez era más difícil encontrar otras noticias relacionadas con bitcoin. Como resultado, la moderación en estos foros se intensificó. Esta moderación sólo parecía irritar aún más a algunos de los *big blockers*: en su opinión, la política de moderación, o como ellos lo veían censura, estaba impidiendo que bitcoin escalara.

BitcoinTalk y /r/bitcoin estaban controlados por la misma persona, cuyo nombre de usuario era Theymos. Su verdadero nombre es Michael Marquardt. Theymos había sido uno de los primeros pioneros en este espacio, gestionando bitcoin.it (la Bitcoin Wiki), así como los dos foros principales. Theymos también creó el primer explorador de bloques, una página web en la que se podía consultar información sobre las transacciones de bitcoin. Esto fue crucial en el desarrollo temprano del espacio y en educar a la gente sobre cómo funciona bitcoin. Su sitio web explorador de bloques, blockexplorer.com, fue finalmente superado por blockchain.info en torno a 2011, debido a los gráficos innovadores y superiores de blockchain.info. Theymos parecía simpatizar mayoritariamente con el bando de los *small blockers*, al menos en el aspecto de que era sensato tener un acuerdo generalizado en toda la comunidad antes de ejecutar clientes incompatibles.

El 17 de agosto de 2015, dos días después del lanzamiento oficial de Bitcoin XT, Theymos anunció una nueva política de moderación de Reddit. Esta política resultó ser extremadamente controvertida y divisoria. El lanzamiento del cliente Bitcoin XT también estimuló un gran aumento en el número de *posts*, y luego la moderación agresiva de estos mensajes, lo que requirió una explicación.

> *r/Bitcoin existe para servir a bitcoin. Cuando se active el hardfork de XT, se separará de bitcoin y creará una red/moneda separada. Por lo tanto, ni él ni los servicios que lo soportan deberían ser permitidos en r/Bitcoin. En el extremadamente improbable caso de que la gran mayoría de la economía bitcoin cambie a XT y haya una fuerte percepción de que XT es*

el verdadero bitcoin, entonces la situación cambiará y permitiremos sólo posts relacionados con XT. En ese caso, la definición de "bitcoin" habrá cambiado. No tiene sentido apoyar dos redes/monedas incompatibles — sólo hay un bitcoin, y r/Bitcoin sólo sirve a bitcoin.

Si un hardfork tiene un consenso casi unánime por parte de los expertos de bitcoin y también es apoyado por la gran mayoría de usuarios y empresas de bitcoin, podemos predecir con gran exactitud que esta nueva red/moneda tomará el control de la economía y se convertirá en la nueva definición de bitcoin. (Los mineros no importan en esto, y no es ningún tipo de votación.) Este tipo de hardfork probablemente pueda ser adoptado en r/Bitcoin tan pronto como se haya determinado que el hardfork no va absolutamente en contra del espíritu de bitcoin (inflar fuera de lo establecido, por ejemplo). Por ahora, siempre habrá demasiada controversia en torno a cualquier hardfork que aumente el tamaño máximo de bloque, pero esto probablemente cambiará a medida que haya más debate e investigación, y a medida que el espacio de bloque sea realmente más escaso. Yo podría ver algún tipo de aumento ganando consenso en tan sólo 6 meses, aunque tendría que ser mucho menor que el aumento en XT para que todo el mundo se ponga de acuerdo tan pronto.

Hay una diferencia significativa entre la discusión de una propuesta de hardfork de bitcoin (que siempre se permitió aquí, a pesar de que estoy en total desacuerdo con muchas cosas publicadas) y la promoción de un software que está programado para divergir en una red/moneda competidora. Esto último va claramente en contra de las reglas establecidas de r/Bitcoin, y aunque la tecnología de bitcoin seguirá funcionando bien haga lo que haga la gente, incluso el intento de dividir bitcoin de esta manera dañará el ecosistema y la economía de bitcoin.

Si el 90% de los usuarios de r/Bitcoin consideran que estas políticas son intolerables, entonces quiero que ese 90% de usuarios de r/Bitcoin se vaya. Tanto r/Bitcoin como estas personas serán más felices por ello. No quiero que estas personas hagan hilos rompiendo las reglas, exigiendo cambios, pidiendo apoyo público a traves de upvotes, haciendo ataques personales contra los moderadores, etc. Sin argumentos reales, no van a convencer a nadie con cerebro, sólo están perdiendo su tiempo y el nuestro. Las reglas temporales contra la discusión sobre el tamaño de los bloques y la moderación están en parte diseñadas para animar a la gente que debería abandonar r/Bitcoin a hacerlo para que r/Bitcoin pueda volver al asunto de discutir noticias sobre bitcoin en paz.[8]

Las nuevas normas para el subreddit de bitcoin eran razonablemente claras: dado que Bitcoin XT carecía de consenso entre los usuarios y era un cambio incompatible, por lo que daría lugar a una nueva moneda, la promoción del software estaba prohibida en el subreddit. Claramente, esto molestó a muchos de los llamados *big blockers*. Para ellos, el subreddit de bitcoin era el principal foro de discusión de la comunidad, y presionar por el cambio que deseaban en este foro era exactamente la manera en la que imaginaban que se produciría dicho cambio. Los argumentos contra la censura empezaron a ganar fuerza y demostraron ser bastante convincentes. Si no se podía hacer campaña a favor de un cambio por falta de consenso, ¿cómo íbamos a llegar a un consenso? Se trataba de un callejón sin salida. ¿Quién era Theymos para decidir cuándo alcanzar el consenso? Bitcoin es tan mío como suyo. Si tuvieran buenos argumentos, ¿por qué recurrir a la censura? Si bitcoin es tan frágil que requiere esta censura, bitcoin debe ser bastante débil e inútil. Si quieren prohibir Bitcoin XT, por lo tanto debe ser bueno... Y así sucesivamente...

Para entender realmente el grado de furia contra Theymos, hay que tener en cuenta quiénes eran muchos de los bitcoiners, al menos los que eran suficientemente comprometidos como para seguir este debate. Normalmente eran anarcocapitalistas o libertarios, que apoyaban firmemente la libertad de expresión. Era fácil entender por qué un mensaje anti-censura resonaría en este sector de la comunidad. Al mismo tiempo, muchas personas se unieron a bitcoin porque se sentían defraudadas por el sistema financiero tradicional. Los bancos centrales habían adoptado políticas con las que muchos bitcoiners no estaban de acuerdo, como los programas de flexibilización cuantitativa u otras políticas monetarias expansivas. Los bitcoiners normalmente sentían que su voz era ignorada cuando expresaban su oposición a estas políticas, o considerada irrelevante. Esta es la razón por la que muchos se convirtieron en bitcoiners en primer lugar; sentían que esta vez es nuestro dinero, no el suyo. ¡Esta vez nuestra voz contará! Su frustración y enfado por haber silenciado su voz en bitcoin fue enorme.

El resultado de esta política de moderación fue una bifurcación de la comunidad bitcoin. Los *big blockers* se trasladaron gradualmente a un subreddit alternativo de bitcoin, /r/btc. También abandonaron BitcoinTalk y se trasladaron a foros alternativos como Bitco.in. El nivel de participación entre las partes se redujo gradualmente y la gente pasó más tiempo hablando con aquellos con los que estaban de acuerdo. Por lo tanto, la comunidad se volvió mucho menos saludable y el sesgo de confirmación se convirtió en un problema importante.

Es fácil culpar a Theymos de esta división. Sin embargo, si observamos cómo se desarrollan otras comunidades en las redes sociales, quizá fuera algo inevitable. La gente tiende a leer cosas con las que está de acuerdo y a seguir a personas con las que está de acuerdo. El sesgo de confirmación está muy presente en las redes sociales y provoca polarización. Quizá el ejemplo más famoso de esto sea la política, donde tanto los de derecha como los de izquierda siguen leyendo historias reales en la plataforma de su elección, que apoyan sus suposiciones e ideología iniciales. La gente se aferra cada vez más a sus puntos de vista y tiene una exposición limitada a los argumentos contrarios. En esta etapa, con la exposición a montones y montones de material de apoyo, la gente de ambos lados de un conflicto apenas puede creer que alguien pueda sostener legítimamente una opinión contraria. Por lo tanto, se suele dar por sentado que los que tienen una opinión contraria son estúpidos, corruptos o tienen algún plan nefasto. No cabe duda de que esta dinámica no tardó en manifestarse en bitcoin. Dado el hecho de que estas mismas dinámicas parecían estar ocurriendo en todas las redes sociales, puede ser ingenuo culpar a Theymos de este fenómeno, aunque por supuesto jugó su papel en la división de la comunidad, al igual que muchos otros en ambos lados del conflicto.

Leyendo de nuevo el post sobre la política de moderación de Theymos, se hace evidente que contiene muchos matices, que no fueron ampliamente apreciados en su momento. En muchos aspectos, se demostró que estaba en lo cierto y adelantado a su tiempo. Bitcoin XT bien podría haber dado lugar a una nueva moneda competidora, debido a la falta de consenso. Tal vez fuera acertado dividir el proceso de actualización en dos pasos: primero, obtener el consenso de los usuarios para el cambio, y sólo entonces abogar por ejecutar el nuevo cliente incompatible. Hoy en día, el proceso de actualización parece más claro: si uno quiere lanzar un cliente incompatible, hay dos caminos potenciales entre los que elegir:

1. Crear una nueva moneda alternativa diferente a bitcoin, que no requiera un acuerdo generalizado en toda la comunidad; o

2. Presionar para lograr un consenso antes de abogar por que cualquiera ejecute el nuevo cliente. Sólo si se alcanza un consenso generalizado, los usuarios podrán ejecutar el nuevo cliente, y entonces la nueva moneda pasará a llamarse bitcoin.

Ahora se sabe que el incumplimiento de una de estas dos vías puede provocar una escisión sucia y desordenada. Desgraciadamente, en aquella época no se apreciaban ni conocían muchos de estos matices. Por lo tanto, los *big blockers* tomaron un camino más confuso, inseguros de si querían el acuerdo de todos o no.

En estas primeras fases del conflicto, parecía claro que los *big blockers* estaban ganando la guerra y progresando. Parecían tener un mensaje claro y sencillo y a la mayoría de los usuarios de su lado. Al mismo tiempo, el mensaje contra la censura ganaba adeptos.

Sin embargo, también era evidente que, cuando se les preguntaba, muchos pensaban que la propuesta de tamaño de bloque de Bitcoin XT podría ser demasiado agresiva, con respecto a bloquear el aumento del tamaño de bloque a 8.000 MB durante los próximos 20 años en un calendario fijo. Después de todo, ¿quién era Mike Hearn para decidir esto? ¿Y cómo iba a saber lo que iba a ocurrir en un futuro tan lejano, cuando el espacio es famoso por sus cambios rápidos e impredecibles? Para muchos, un aumento más sencillo y moderado tenía más sentido. Aunque casi todo el mundo quería un aumento del límite, muchos parecían pensar que Bitcoin XT fracasaría y que alguna otra propuesta más moderada acabaría triunfando. Para la mayoría de los *big blockers*, Bitcoin XT era un paso necesario para poner en marcha el debate y actuar como catalizador para fomentar una contrapropuesta. Quizás este fue el primero de muchos errores críticos del bando de los *big blockers*. ¿De verdad se intenta ganar una guerra perdiendo la primera batalla?

NOTAS

1. https://www.theguardian.com/technology/2015/aug/17/bitcoin-xt-alternative-cryptocurrency-chief-scientist

2. Un *flag day*, tal y como se utiliza en la administración de sistemas, es un cambio de software que no es compatible con versiones anteriores, y que es costoso de realizar y costoso de revertir (N. del T.).

3. https://blog.bitmex.com/wp-content/uploads/2017/09/industry-letter.pdf

4. Un error de software en un programa de computadora o sistema de software que desencadena un resultado indeseado (N. del T.).

5. Un libro blanco o *white paper* es un informe o guía que informa a los lectores de forma concisa sobre un tema complejo y presenta la filosofía del organismo emisor al respecto (N. del T.).

6. https://www.huffingtonpost.co.uk/entry/gavin-andresen-bitcoin_n_3093316

7. El tiempo libre para proyectos es un tipo de prestación para empleados que consiste en una garantía por parte de los empleadores de que sus empleados podrán trabajar en sus proyectos personales durante una parte de su tiempo de trabajo (N. del T.).

8. https://www.reddit.com/r/Bitcoin/comments/3h9cq4/

1. 3.

6. 8.

CAPÍTULO 2

MARCHA A LA GUERRA

En los primeros días de bitcoin, de 2009 a principios de 2011, todo el ecosistema consistía en un solo programa de software, el cliente bitcoin. Este software existía inicialmente para Microsoft Windows y comprendía la *wallet*, el nodo completo, que realiza la validación, y el nodo minero. No había aplicaciones móviles, ni comerciantes, ni sitios web de apuestas, ni mercados de la *darknet*[1], ni productos cotizados en la bolsa, ni *exchanges*, ni inversores institucionales; sólo una aplicación de software primitiva y básica. Lo único que se podía hacer era minar algunas monedas, enviarlas y recibirlas. En aquel momento, bitcoin era bastante inútil y, a primera vista, el sistema no parecía tener mucho valor ni potencial. Para interesarse por el espacio, había que tener imaginación. Había que ver muchos pasos por delante y conceptualizar cómo se desarrollaría y cambiaría el sistema con el tiempo. Construir capa sobre capa de suposiciones sobre cómo evolucionaría bitcoin. Muchas de estas suposiciones nunca se habían puesto a prueba ni se habían debatido exhaustivamente; simplemente se daban por sentadas y se aceptaban. En 2015, bitcoin llevaba cinco o seis años en el mercado, y para los que se dedicaban a este sector, era mucho tiempo para sostener una suposición. En realidad, muchos miembros de la comunidad tenían suposiciones diferentes y contradictorias con respecto al funcionamiento de bitcoin, y nunca se había revelado el alcance de estos desacuerdos. Ahora, estos desacuerdos estaban aflorando a la superficie y, con bitcoin significando tanto para estas personas, los resultados podrían llegar a ser feos e impredecibles.

El precio de bitcoin también se había revalorizado considerablemente, pasando de unos pocos centavos en 2010 a unos 220 dólares la unidad en el verano de 2015. Por lo tanto, muchas de las partes en conflicto se habían beneficiado considerablemente desde una perspectiva financiera al invertir en bitcoin en una fase temprana. Una consecuencia desafortunada de esto es que algunos en la comunidad se volvieron demasiado confiados, incluso un poco arrogantes. Por ejemplo, supongamos que alguien decidió invertir a principios de 2011, cuando el precio de bitcoin estaba por debajo de 1 dólar. Es posible que basara esta inversión en ciertas suposiciones y en una visión particular. Luego podría haber seguido conservando las monedas en 2015, viendo cómo su inversión se multiplicaba por más de 200. Es probable que esto influya en la psicología de cada uno: seguramente las suposiciones que se hicieron en 2011 eran correctas. Después de todo, dieron lugar a ganancias muy elevadas. Ahora es probable que este inversor considere que tiene un conocimiento muy sólido de bitcoin y que sabe qué es lo mejor de cara al futuro, creyendo que claramente entendió bien bitcoin en 2011 porque obtuvo ganancias tan considerables. Desafortunadamente, tal vez la gente no se dio cuenta de que otras personas con visiones muy diferentes y contradictorias también habían invertido en bitcoin a principios de 2011, negando así esta lógica un tanto errónea y sesgada. A menudo, parecía que la gente simplemente asumía que todos los otros inversores pioneros estaban de acuerdo con ellos y que los que estaban al otro lado en la guerra del tamaño de bloque eran novatos. Esto explica en gran medida cómo la guerra por el tamaño de los bloques se intensificó y se volvió tan feroz con tanta rapidez.

Llegados a este punto, merece la pena repasar un poco la historia de los inicios de bitcoin. Cuando se lanzó bitcoin, no había límite de tamaño de bloque, aunque es probable que bloques más grandes, quizás de más de 32 MB, habrían roto el sistema. El límite fue introducido por primera vez por Satoshi en el verano de 2010. El 15 de julio de 2010, Satoshi añadió la siguiente línea de código al repositorio de software:

```
static const unsigned int
MAX_BLOCK_SIZE = 1000000;
```
[2]

El software que contenía esta actualización se publicó el 19 de julio de 2010. El nuevo límite de 1 MB no entró en vigor hasta el 7 de septiembre de 2010, a la altura de bloque 79.400 (79.400 bloques desde el lanzamiento de bitcoin). Este tipo de actualización se denominó *softfork*, es decir, una nueva norma que hace más estrictas las condiciones de validez de los bloques. Es un *softfork* porque añadir o bajar el límite estrecha las reglas. Aumentar el límite relajaría las normas, y por eso se considera un *hardfork*. En el caso de un *hardfork*, todo el mundo debe actualizar su software para seguir la nueva cadena. Sin embargo, esta terminología *softfork/hardfork* no se conocía en ese momento, y sólo se utilizó a partir de abril de 2012.[3] Este *softfork* del límite de tamaño de bloque fue la primera nueva regla de bitcoin que tenía algún tipo de metodología de activación, en este caso un *flag day*, en el que las nuevas reglas se activarían a una cierta altura de bloque. Satoshi nunca proporcionó una razón clara para el límite de tamaño de bloque en ese momento. Muchos *big blockers* sostienen que la medida era sólo temporal, aunque ninguna nota de la época que yo haya podido encontrar así lo indica.

El siguiente acontecimiento relevante, y ampliamente citado por los *big blockers*, ocurrió el 4 de octubre de 2010. Ni siquiera un mes después de que se activara el límite de tamaño de bloque, uno de los desarrolladores de bitcoin, Jeff Garzik, propuso eliminarlo y aumentar el límite.[4] Presentó un parche de software eliminando la regla de 1 MB y argumentó que esto aseguraría que bitcoin pudiera escalar para igualar la tasa de transacciones de Paypal. Aunque Jeff sabía que un asunto así no era aplicable en estos primeros días, lo consideró importante desde una perspectiva de marketing y narrativa. Sólo 15 minutos más tarde, Theymos respondió, afirmando que: «Aplicar este parche hará que tu cliente sea incompatible con otros clientes de bitcoin». Satoshi intervino en la conversación:

> *+1 theymos. No usen este parche, hará que seas incompatible con la red para tu propio detrimento. Podemos introducir un cambio más tarde si nos acercamos a necesitarlo.*

Al día siguiente, Satoshi hizo un comentario adicional, en lo que ahora es una de las declaraciones más citadas de los *big blockers*:

> *Se puede introducir gradualmente, como*
>
> *if(blocknumber > 115000) maxblocksize = largerlimit*
>
> *Puede incorporarse a las versiones con mucha antelación, para que cuando llegue a ese número de bloque y entre en vigor, las versiones anteriores que no lo tengan ya estén obsoletas.*
>
> *Cuando estemos cerca del número de bloque límite, puedo poner una alerta a las versiones antiguas para asegurarme de que saben que tienen que actualizarse.*

Cabe destacar que, en aquel momento, la altura del bloque era de 83.500; por lo tanto, la altura del bloque 115.000 era de 31.500 en el futuro, aproximadamente siete meses después. Para los *big blockers*, la intención de Satoshi aquí es clara. Satoshi sólo introdujo el límite como medida temporal y ya estaba dando instrucciones sobre cómo aumentarlo, con un plan claro en marcha.

No obstante, los *big blockers*, en general, no siempre tenían en cuenta todo el panorama o el contexto. Se puede interpretar el diálogo como si Satoshi estuviese en contra del parche para aumentar el límite de tamaño de bloque de inmediato, ya que lo haría incompatible con la red. Después, Satoshi adopta una postura más prudente y describe cómo se podría aumentar el límite si se quisiera, con algunos mecanismos de seguridad para garantizar una actualización sin problemas. Esta narrativa se parece más a lo que decían los *small blockers*.

La siguiente afirmación de Satoshi ampliamente citada por los *big blockers* es incluso anterior, de noviembre de 2008, antes incluso del lanzamiento de bitcoin, en la que habla de que la red será capaz de gestionar tantas transacciones como Visa, 100 millones al día. Esta cita es muy importante para los *big blockers* y claramente se alinea con muchas de sus visiones para bitcoin:

> *Mucho antes de que la red llegue a ser tan grande, sería seguro para los usuarios utilizar la Verificación Simplificada de Pagos (sección 8) para controlar el doble gasto, que sólo requiere tener la cadena de encabezados de bloque, o unos 12 KB al día. Sólo las personas que intenten generar nuevas monedas necesitarían ejecutar nodos en la red. Al principio, la mayoría de los usuarios gestionarían nodos conectados a la red, pero a medida que esta crezca más allá de cierto punto, se dejará cada vez más en manos de especialistas con granjas de servidores de hardware especializado. Una granja de servidores sólo necesitaría tener un nodo en la red y el resto de la LAN se conectaría con ese único nodo.*
>
> *Puede que el ancho de banda no sea tan prohibitivo como se cree. Una transacción típica sería de unos 400 bytes (ECC es muy compacto). Cada transacción tiene que transmitirse dos veces, así que digamos 1 KB por transacción. Visa procesó 37.000 millones de transacciones en el año fiscal 2008, es decir, una media de 100 millones de transacciones al día. Tantas transacciones ocuparían 100 GB de ancho de banda, o el tamaño de 12 DVD o 2 películas de calidad HD, o unos 18 dólares de ancho de banda a los precios actuales.*
>
> *Si la red llegara a ser tan grande, aún tardaría varios años y, para entonces, enviar 2 películas en alta definición por internet probablemente no parecería gran cosa.*[5]

Por supuesto, los *small blockers* tienen una respuesta incluso a esto. Afirman que Satoshi estaba haciendo estos comentarios bajo el supuesto de que existe la tecnología de Verificación Simplificada de Pagos (SPV). Lo que esto significa es que las *light wallets* podrían recibir la prueba de un doble gasto en un bloque inválido y, por lo tanto, en circunstancias normales, no tendrían que verificar todas las transacciones. Esta tecnología aún no se ha desarrollado y puede que no sea posible. Por lo tanto, algunos *small blockers* argumentan que las afirmaciones de Satoshi sobre competir con Visa en rendimiento ya no son válidas. Esto puede considerarse un argumento algo pedante y una interpretación muy concreta del significado de SPV.

La siguiente respuesta a Satoshi estaba en el hilo de correos electrónicos original en el que se anunció bitcoin por primera vez, unos meses antes incluso de su lanzamiento. La primera respuesta a Satoshi cuando anunció bitcoin fue de alguien llamado James A. Donald, que ya estaba expresando su preocupación por la capacidad, tan sólo un día después de que se anunciara la idea:

> *Para detectar y rechazar a tiempo un caso de doble gasto, hay que disponer de la mayoría de las transacciones anteriores efectuadas con las monedas de la transacción, lo que, ingenuamente implementado, requiere que cada nodo disponga de la mayoría de las transacciones anteriores, o de la mayoría de las transacciones anteriores ocurridas recientemente. Si cientos de millones de personas están realizando transacciones, eso es mucho ancho de banda: cada uno debe conocerlas todas, o una parte sustancial de ellas.*[6]

En cuanto a las citas de Satoshi utilizadas por el bando de los *small blockers*, quizás la más referenciada es cuando Satoshi se refirió a un cliente competidor como una «amenaza para la red» y mencionó cómo el diseño central de bitcoin estaba «grabado en piedra», en una discusión con Gavin en junio de 2010:

> *La naturaleza de bitcoin es tal que una vez que se publicó la versión 0.1, el diseño central quedó grabado en piedra para el resto de su vida. Por ello, quise diseñarlo para que soportara todos los tipos de transacciones posibles que se me ocurrieran. El problema era que cada cosa requería un código de soporte especial y campos de datos, tanto si se usaba como si no, y sólo cubría un caso*

especial cada vez. Habría sido una explosión de casos especiales. La solución fue el script[7]*, que generaliza el problema para que las partes que realizan la transacción puedan describirla como un predicado que la red de nodos evalúa. Los nodos sólo tienen que entender la transacción hasta el punto de evaluar si se cumplen las condiciones del remitente.*

El script es en realidad un predicado. Es sólo una ecuación que se evalúa como verdadera o falsa. Predicado es una palabra larga y poco familiar en inglés así que lo llamé script.

El receptor de un pago hace una comparación entre el script y una serie de plantillas determinadas. Actualmente, los receptores sólo aceptan dos plantillas: pago directo y dirección bitcoin. Las versiones futuras pueden añadir plantillas para más tipos de transacciones y los nodos que ejecuten esa versión o superior podrán recibirlas. Todas las versiones de nodos de la red pueden verificar y procesar las nuevas transacciones en bloques, aunque no sepan cómo leerlas.

El diseño admite una enorme variedad de posibles tipos de transacciones que diseñé hace años. Transacciones escrow o de custodia, contratos garantizados, arbitraje de terceras partes, firma de múltiples partes, etc. Si bitcoin se populariza, estas son cosas que querremos explorar en el futuro, pero todas ellas tenían que ser diseñadas al principio para asegurarnos de que serían posibles más adelante.

No creo que una segunda implementación compatible de bitcoin sea nunca una buena idea. Gran parte del diseño depende de que todos los nodos obtengan resultados exactamente idénticos al mismo tiempo, por lo que una segunda implementación sería una amenaza para la red. La licencia MIT es compatible con todas las demás licencias y usos comerciales, así que no hay necesidad de reescribirla desde el punto de vista de las licencias.[8]

Satoshi hizo muchos comentarios durante los dos primeros años de su participación en el espacio, muchos de los cuales podría decirse que apoyaban a cualquiera de los dos bandos en esta guerra. En general, podría decirse que las citas indican que Satoshi parecía apoyar ampliamente a los *big blockers* con respecto a la estrecha cuestión del límite del tamaño de bloque y el rendimiento de las transacciones, pero Satoshi parecía apoyar un poco la posición de los *small blockers* con respecto a su punto de vista sobre la flexibilidad de las reglas de bitcoin. En este punto, el debate parece volverse casi religioso, con ambos bandos estudiando minuciosamente cada cita de Satoshi en busca de comentarios o interpretaciones que apoyen su causa.

Sin embargo, lo que pensaba Satoshi no debe considerarse especialmente importante. Muchos *small blockers* expresaron la opinión de que Satoshi era ahora irrelevante. Al menos, sus opiniones de hace cinco años no deberían importar, porque muchas cosas han cambiado desde entonces. Ahora probablemente sabemos mucho más sobre bitcoin que Satoshi entonces, debido a la experiencia de ver la red en acción. Bitcoin no es una religión y Satoshi no es un profeta, solían afirmar los *small blockers*. Las decisiones deberían tomarse basándose únicamente en méritos científicos; lo que dijera Satoshi no cambia nada, afirmaban. Sin embargo, bitcoin sí tiene algunas características similares a las de una religión y parece que así lo sentían muchas personas. Después de todo, las religiones tienen mucho éxito; quizás estas características contribuyeron en cierta medida al éxito de bitcoin.

Satoshi pareció contribuir al debate en 2015. El día en que se publicó Bitcoin XT, se envió un email desde una de las direcciones de correo electrónico de Satoshi (Satoshi@vistomail.com), articulando el lado *small blocker* del argumento, incluyendo una afirmación de que había cambiado de opinión sobre el escalado:

> *He estado siguiendo los recientes debates sobre el tamaño de los bloques a través de la lista de correos. Esperaba que el debate se resolviera y que una propuesta de nuevas reglas lograra un consenso generalizado. Sin embargo, con el lanzamiento formal de Bitcoin XT 0.11A, parece poco probable que esto ocurra, por lo que me veo obligado a compartir mis preocupaciones sobre esta bifurcación tan peligrosa.*
>
> *Los desarrolladores de este bitcoin impostor afirman estar siguiendo mi visión original, pero nada podría estar más lejos de la realidad. Cuando diseñé bitcoin, lo hice de tal manera que las futuras modificaciones de las reglas de consenso fueran difíciles sin un acuerdo casi unánime. Bitcoin fue diseñado para estar protegido de la influencia de líderes carismáticos, aunque se llamen Gavin Andresen, Barack Obama o Satoshi*

Nakamoto. Casi todo el mundo tiene que estar de acuerdo en un cambio, y tienen que hacerlo sin ser forzados o presionados a ello. Al hacer una bifurcación de esta manera, estos desarrolladores están violando la «visión original» que dicen honrar.

Utilizan mis antiguos escritos para hacer afirmaciones sobre lo que se suponía que era bitcoin. Sin embargo, reconozco que muchas cosas han cambiado desde entonces, y se han adquirido nuevos conocimientos que contradicen algunas de mis primeras opiniones.

Por ejemplo, no anticipé la minería agrupada[9] *y sus efectos sobre la seguridad de la red. Hacer de bitcoin un sistema monetario competitivo y al mismo tiempo preservar sus propiedades de seguridad no es un problema trivial, y deberíamos tomarnos más tiempo para llegar a una solución robusta. Sospecho que necesitamos un mejor incentivo para que los usuarios gestionen nodos en lugar de confiar únicamente en el altruismo.*

Si dos desarrolladores pueden bifurcar bitcoin y conseguir redefinir lo que es «bitcoin», frente a las críticas técnicas generalizadas y mediante el uso de tácticas populistas, entonces no tendré más remedio que declarar que bitcoin es un proyecto fracasado. Bitcoin fue concebido para ser robusto tanto técnica como socialmente. Ha sido muy decepcionante ver cómo se ha desarrollado esta situación.[10]

La mayoría de los *big blockers* descartaron inmediatamente el mensaje como falso. Sin embargo, los encabezados parecían indicar que el mensaje procedía de Vistomail. Esto deja, por tanto, tres posibilidades: i. La cuenta de correo de Satoshi fue hackeada; ii. Los administradores de Vistomail enviaron el correo; o iii. Este correo electrónico era genuinamente de Satoshi. La segunda posibilidad parece extremadamente improbable, por lo que es probable que este mensaje sea auténtico o que la cuenta haya sido intervenida. Una cuenta de correo hackeada es ciertamente posible, ya que la otra cuenta de correo electrónico de Satoshi (Satoshi@gmx.com) fue hackeada cuando alguien fue capaz de restablecer la contraseña. En cualquier caso, no importa. Si un individuo, como Satoshi, tenía tanta influencia sobre el sistema que podía rescatarlo de esta crisis él solo, entonces bitcoin no había conseguido superar los tiempos en los que dependía de un individuo. Bitcoin tenía que ser robusto por sí mismo para soportar las inmensas presiones a las que se vería expuesto como sistema monetario polémico y revolucionario, sin depender de un individuo, que presumiblemente podría ser detenido fácilmente o podría desaparecer en cualquier momento. Esta puede ser la razón por la que Satoshi desapareció en primer lugar. Me gustaría decir que aquí terminó la supuesta implicación de Satoshi en esta historia. Sin embargo, por desgracia, Satoshi, o más exactamente las afirmaciones sobre Satoshi, vuelven a aparecer en la historia más adelante.

Aunque en 2010 hubo discusiones sobre estos temas de escalado, no hubo desacuerdos significativos; todo el mundo estaba aprendiendo. En abril de 2011, las cosas parecían haber cambiado un poco y se hizo evidente un profundo desacuerdo sobre el escalado, las tarifas de transacción y los incentivos de la minería de bitcoin a largo plazo. Todo el mundo seguía siendo civilizado y educado, pero parecía surgir una diferencia de opinión fundamental. El usuario de BitcoinTalk «Vandroiy» planteó una pregunta: básicamente preguntaba cómo se incentivaría a los mineros cuando el subsidio de bloque se agotase y resultase bajo. Por supuesto, todo el mundo sabía la respuesta a esta pregunta, ya que el *white paper* dice que «el incentivo puede pasar completamente a las tarifas por transacción».[11] Sin embargo, Vandroiy planteaba una pregunta más desafiante. Como dijo Vandroiy el 22 de abril de 2011:

> *Cualquier pequeño minero pretende maximizar sus ganancias. Su decisión sobre qué transacciones incluir no crea un gran cambio en la magnitud de las tarifas. Por consiguiente, ese minero incluirá todas las transacciones que paguen cualquier comisión, incluso las que sean muy bajas, para obtener el máximo beneficio. Esto hace que el precio de las transacciones baje. A su vez, los mineros que ya eran poco rentables ven aún más reducidas sus ganancias y desisten. Esto reduce el hashrate, la dificultad cae, y el círculo se repite. Según este razonamiento, es probable que la dificultad descienda hasta casi cero.*[12]

Analizando el punto de vista de Vandroiy desde una perspectiva económica, esencialmente estaba diciendo que el costo marginal de incluir una transacción es cercano a cero y, en un entorno competitivo, el precio es igual al costo marginal. El mercado se equilibraría entonces a precios bajos, lo que a veces se conoce como el problema de la «espiral de la muerte». Sin embargo, no se trataba de un mercado normal en el que el único objetivo fuera alcanzar un precio de equilibrio; algunos creían que este mercado tenía una externalidad positiva, u otro objetivo, como decía el *white paper*, el de incentivar a los mineros. Si esto era o no realmente un problema para bitcoin resultó ser muy controvertido. De la lectura de este hilo, parece como si aproximadamente la mitad de la gente pensara que esto era un problema y la otra mitad no. Incluso Mike Hearn parecía inicialmente de acuerdo con el problema de la espiral de la muerte, afirmando que «parece plausible». Sin embargo, al día siguiente, el 23 de abril de 2011, Mike había, legítimamente, reconsiderado su posición, y ya no lo consideraba un problema:

> *El argumento de la espiral de la muerte supone que yo incluiría todas las transacciones por muy baja que fuera su tarifa/prioridad, porque no me cuesta nada hacerlo y ¿por qué no iba a aceptar el dinero gratis? Sin embargo, la vida real está llena de empresas que podrían hacer esto pero no lo hacen, porque entienden que socavaría su propio negocio.*°

La mayoría de los que pensaban que la espiral de la muerte era un problema parecían estar de acuerdo con una solución propuesta: el límite del tamaño de los bloques evitaría que las tarifas bajaran demasiado, ya que los usuarios tendrían que competir entre sí por espacio en los bloques, que estarían llenos. Este límite de tamaño de bloques crearía, por tanto, lo que los economistas denominan un excedente del productor, que podría incentivar a los mineros una vez agotado el subsidio de bloque. Aunque este desacuerdo parecía dividir a la comunidad por la mitad, nadie parecía demasiado preocupado por la situación. En lugar de seguir debatiendo, apenas se habló públicamente del asunto en los próximos años. Todos los participantes en la discusión parecían asumir que bitcoin evolucionaría más en la dirección que ellos preferían. En 2013, Mike pareció reconocer a la espiral de muerte como un problema legítimo, pero propuso «contratos de garantía»[13] como posible solución, en lugar de un límite de tamaño de bloque.

La primera prueba pública de una campaña activa sobre esta cuestión del tamaño de bloque fue un vídeo producido por el desarrollador de bitcoin y *small blocker*, Peter Todd. En mayo de 2013, publicó un vídeo de producción profesional en YouTube.[14] En el vídeo, argumentaba que era necesario que el límite de tamaño de bloque siguiera siendo pequeño, para que los usuarios pudieran validar todas las transacciones y mantener bitcoin descentralizado. El vídeo incluso hablaba de «ignorar a cualquiera que intente cambiar el software que utilizas para aumentar el tamaño de bloque de 1 MB». El vídeo ha sido extensamente ridiculizado por los *big blockers*, que incluso acabaron apoderándose del sitio web de la campaña de bloques pequeños de Peter, keepbitcoinfree.org, y lo sustituyeron por material de apoyo a los bloques más grandes.

Peter Todd también enfureció a muchos de los *big blockers*, debido a su posición como principal defensor de algo llamado «*Replace by fee*» (RBF). RBF permite a los usuarios reemplazar una transacción de bitcoin (antes de que se confirme en la *blockchain*), por una nueva transacción gastando de nuevo el mismo *input*,[15] sólo que con una tarifa más alta. Los mineros que adoptasen esta política RBF optarían por incluir la transacción de tarifa más alta.

En cambio, los mineros que no adoptaran este principio y utilizaran en su lugar el principio de *first seen safe* (FSS), incluirían la transacción que vieran en primer lugar. En general, Mike, Gavin y los *big blockers* se oponían al RBF, mientras que los *small blockers* tendían a apoyarlo. Hay que hacer una distinción crucial entre esto y la guerra del tamaño de bloque: el límite de tamaño de bloque es parte del protocolo bitcoin, mientras que RBF es sólo una política de los mineros. Por lo tanto, los mineros son libres de hacer lo que quieran con respecto a RBF y no hay necesidad de consenso. La distinción entre una regla del protocolo bitcoin y cualquier otro aspecto del sistema, como RBF, era extremadamente importante para los *small blockers*, mientras que la mayoría de los *big blockers* nunca vieron la distinción o estuvieron de acuerdo en que importara en la misma medida. Algunos la consideraban una distinción arbitraria que los *small blockers* habían creado para salirse con la suya. A pesar de esta distinción, el argumento económico central en torno a RBF era casi exactamente el mismo que el de la espiral de la muerte.

Los que se oponían al RBF opinaban que perjudicaba a la experiencia de usuario y hacía más probable el doble gasto, mientras que los defensores afirmaban que los mineros estaban incentivados a elegir transacciones con tasas más altas de todos modos, para aumentar sus ganancias, por lo que era inevitable y la política de software bien podría alinearse con esta realidad económica. La réplica de los *big blockers* fue que a los mineros también les importaba la experiencia de usuario y que, por tanto, ¿por qué iban a perjudicar la experiencia de usuario del sistema del que dependían?

Me parece que la respuesta a este aparente dilema depende primordialmente del nivel de competitividad de la industria minera. Si la industria minera estuviera muy concentrada en unos pocos actores pequeños, entonces el FSS parecería una política algo lógica y el argumento de la espiral de la muerte no parece aplicable. Esto se debe a que las decisiones que tomen estos mineros tendrían un impacto significativo en el ecosistema y, por tanto, perjudicarían potencialmente sus ganancias futuras como mineros. Si el nivel de concentración de la industria es bajo, el impacto de las decisiones de los mineros individuales sobre el ecosistema es más limitado. En su lugar, los mineros pueden optar por maximizar sus ganancias a corto plazo, en lugar de preocuparse por la experiencia del usuario a largo plazo, que de cualquier manera su acción por sí sola no tendría un impacto significativo. Este problema se conoce a veces como la tragedia de los comunes. Si se cree que la tragedia de los comunes es aplicable en este caso, lo racional puede ser, por tanto, aplicar políticas de RBF, y el riesgo de la espiral de la muerte parece medianamente viable.

Las discusiones sobre RBF parecían tener puntos de inflexión muy similares a la cuestión del tamaño de los bloques:

- Los *big blockers* priorizaban el corto plazo, mientras que los *small blockers* se centraban en el largo plazo;
- Los *big blockers* priorizaban la experiencia del usuario, mientras que los *big blockers* favorecían hacer el sistema más resiliente;
- Los *big blockers* priorizaban el crecimiento, mientras que los *small blockers* estaban más preocupados por la sostenibilidad;
- Los *big blockers* eran más pragmáticos y se centraban más en los negocios, mientras que los *small blockers* eran más científicos y teóricos, habitualmente expertos en informática y criptografía.

No es que ninguna de las partes estuviera necesariamente en desacuerdo con los argumentos técnicos, sino que simplemente tenían preferencias diferentes y ponderaban de forma distinta la importancia de cada uno de los componentes considerados. Desgraciadamente, esto dio lugar a conclusiones diferentes que parecían imposibles de reconciliar.

El miércoles 15 de abril de 2015 tuvo lugar un evento oficial de la Fundación Bitcoin en Londres, llamado DevCore. Gavin asistió, después de haber volado para pronunciar su discurso de apertura titulado "Por qué necesitamos una cadena más grande". Yo también asistí al evento. Gavin se mostró muy accesible y dispuesto a hablar del tema. Gavin me recalcó que 1 MB era una cantidad ridículamente pequeña y que muchas páginas web superaban ese tamaño. En su opinión, la historia de la tecnología de la información giraba en torno al crecimiento exponencial y a cosas cada vez más rápidas y grandes. Mencionó repetidamente la ley de Moore, utilizada como ejemplo para mostrar cómo los sistemas mejoran con el tiempo y que, con el tiempo, bitcoin tendría bloques mucho más grandes, de gigabytes, y no habría problemas técnicos de escalado. Gavin me comentó en voz baja que él era partidario de pasar a un límite de 20 MB, pero que estaba dispuesto a llegar a un acuerdo y quizás cambiarlo a 8 MB, si otros se sumaban. Unos días después, el 18 de abril de 2015, Mike y Gavin celebraron por la tarde una sesión de preguntas y respuestas en Londres. Al hablar del tamaño de los bloques, Gavin dijo lo siguiente:

> *Puede que me vea obligado a decir: así es como va a ser, y si no les gusta, búsquense otro proyecto. Francamente, eso es lo que pasó con el asunto de P2SH; simplemente dije: «He escuchado a todo el mundo, he escuchado un par de propuestas y así es como va a ser».*[16]

Mientras decía esto, eché un rápido vistazo a la habitación. La mayoría de la gente parecía contenta de que Gavin tuviera ese poder. Sin embargo, estaba claro que había una minoría de personas, quizá sólo un 5% más o menos, que estaban algo enojadas por esto y consideraban que Gavin era arrogante al hacer ese comentario; parecían bastante incómodos. Para ellos, Gavin no estaba a cargo de bitcoin; si él podía simplemente cambiar el protocolo con su autoridad, ¿cuál era exactamente el punto de bitcoin? Al mencionar P2SH, Gavin estaba sacando a colación una polémica actualización del *softfork* de bitcoin en 2012, en la que hubo propuestas que competían entre sí y esencialmente, Gavin había elegido el camino a seguir.[17] Al estar por allí después de la charla, tuve la clara sensación de que Mike estaba presionando a Gavin para que adoptara una postura cada vez más dura sobre el tamaño de bloque, mientras que Gavin se resistía un poco. Mike incluso preguntó si Gavin podría echar a los otros desarrolladores del repositorio principal de Bitcoin Core en GitHub y tomar el control total del repositorio. Después de charlar con ellos, parecía posible que Gavin se uniera a Mike para adoptar una postura más firme. Los dos pensaban claramente que, una vez que

Gavin hubiera tomado esa posición, resultaría decisiva. No me quedó claro en ese momento cómo y cuándo lo haría Gavin, y qué medidas concretas tomaría.

El 4 de mayo de 2015, Gavin publicó un blog titulado «Tiempo de desplegar bloques más grandes».[18] Este fue el primero de una serie de artículos en los que intentaba abordar las preocupaciones sobre los bloques más grandes. Gavin había decidido claramente que era el momento de impulsar bloques más grandes. El 7 de mayo de 2015, el mantenedor principal del proyecto Bitcoin Core en GitHub, Wladimir Van Der Laan, hizo el siguiente comentario en un email a la lista de correo de bitcoin:

> *Estoy ligeramente en contra de un aumento del tamaño de los bloques en un futuro cercano. A continuación expongo algunos argumentos. En aras de la brevedad, ignoro los problemas prácticos y políticos inherentes a la programación de un hardfork.*[19]

Bitcoin Core era el nombre de la implementación de referencia de bitcoin y descendiente del cliente que Satoshi creó originalmente. Inicialmente, este cliente se llamaba simplemente Bitcoin o Bitcoin-QT, pero el nombre Bitcoin Core se adoptó en febrero de 2013 tras una sugerencia de Mike Hearn[20], que ahora parece un tanto irónica. Gavin había cedido previamente la propiedad del repositorio de bitcoin en GitHub a Wladimir, para permitir a Gavin centrarse más en el lado de la investigación de bitcoin. También hay cierta ironía aquí, ya que Gavin parecía haber cedido el control para poder investigar áreas como las tarifas de transacción y el espacio de bloque. Esto puede haber parecido un papel más importante en ese momento, en comparación con el arduo trabajo de mantenimiento de la gestión del repositorio; no fue visto como Gavin renunciando a ningún poder. Más tarde, los *big blockers* consideraron la decisión de Gavin de ceder el control a Wladimir como un error crítico. Sin embargo, los *small blockers* solían sostener que Wladimir no tenía ningún poder real, y que poseer el repositorio era sólo una función de conserje. La decisión final sobre la fusión de código sólo se tomaba si había un amplio acuerdo del grupo de desarrolladores, por lo que, en última instancia, el control del repositorio no importaba. Además de esto, y de forma crucial, las reglas de bitcoin no están determinadas por los cambios en el repositorio de software; están determinadas por los clientes que los usuarios ya están ejecutando. Por supuesto, el repositorio podía publicar nuevas versiones del cliente con cambios en el protocolo, pero no había ninguna función de actualización automática, y nadie estaba obligado a actualizarse. Este es otro ejemplo de una distinción que era crucial para los *small blockers*, pero que los *big blockers* simplemente no veían o con la que no estaban de acuerdo. Para estos, había demasiado poder en manos de Bitcoin Core, por lo que rápidamente se convirtió en su principal enemigo.

Sea cual sea la opinión de cada uno sobre el poder del mantenedor principal del proyecto de software, el comentario de Wladimir sobre su "ligera" oposición a un aumento del tamaño del bloque en un futuro próximo, parecía muy significativo. Parecía como si el *hardfork* no se fusionaría en Bitcoin Core, a pesar de la tremenda presión de Gavin, y las opciones de Gavin por lo tanto se sentían algo limitadas. El 29 de mayo de 2015, Gavin dio la pista más fuerte hasta el momento de lo que planeaba hacer: que podría cambiar su apoyo a Bitcoin XT y lanzar su peso detrás del protocolo bitcoin alternativo y por tanto, incompatible. A pesar de que el siguiente correo electrónico era bastante claro, nunca me lo creí y lo consideré una amenaza; pensé que era algún tipo de táctica de negociación.

> *Si no podemos llegar a un acuerdo pronto, entonces pediré ayuda para revisar/enviar parches al proyecto Bitcoin-Xt de Mike que implementen un gran aumento ahora que crezca con el tiempo para que nunca tengamos que volver a pasar por todo esta hostilidad y debate.*
>
> *Entonces pediré ayuda para presionar a los servicios de comerciantes y exchanges y compañías de hosted wallets y otras compañías de infraestructura de uso de bitcoin (y cualquiera que esté de acuerdo conmigo en que necesitamos bloques más grandes más pronto que tarde) para que ejecuten Bitcoin-Xt en lugar de Bitcoin Core, y declaren que lo están ejecutando. Podremos ver la aceptación en la red monitorizando las versiones de los clientes.*
>
> *Quizá para cuando eso ocurra haya consenso sobre la necesidad de bloques más grandes cuanto antes; si es así, ¡genial! El primer despliegue sólo servirá como prueba inicial, y todo el software ya desplegado estará listo para bloques más grandes.*
>
> *Pero si todavía no hay consenso entre los desarrolladores, pero el movimiento "bloques más grandes ya" tiene éxito, pediré ayuda para que los grandes mineros hagan lo mismo, y utilizaré el mecanismo de votación de versiones de bloques del soft-fork para*

(con suerte) conseguir una mayoría y luego una supermayoría dispuesta a producir bloques más grandes. El objetivo de este proceso es demostrar a los que dudan que es mejor que empiecen a producir bloques más grandes o se quedarán atrás, y darles la oportunidad de actualizarse antes de que eso ocurra.

Porque si no podemos llegar a un consenso aquí, la autoridad final para determinar el consenso es qué código está ejecutando la mayoría de los comerciantes, exchanges y mineros.[21]

El 21 de julio de 2015, Pieter Wuille, otro desarrollador de bitcoin, que había trabajado con Mike Hearn en Google en el pasado, propuso un aumento del tamaño de bloque con un *hardfork*. Se consideraba que Pieter estaba del lado de los "bloques pequeños". A mí me pareció una propuesta de compromiso, una respuesta a la presión de Gavin. La propuesta llevaba el número BIP 103 y reconocía a Wladimir Van Der Laan y a un desarrollador llamado Gregory Maxwell por sus sugerencias,[22] lo que indicaba su posible apoyo. La propuesta consistía en que el *hardfork* se activara en enero de 2017, momento en el que el límite de tamaño de bloque aumentaría un 17,7% anual hasta el año 2063. La propuesta no incluía ninguna metodología de activación. Parecía servir de catalizador para seguir debatiendo y, una vez alcanzado un acuerdo, determinar la metodología de activación.

Considero esta oferta como un momento significativo. El calendario de aumento del tamaño de los bloques me pareció un poco conservador; sin embargo, pensé que formaba parte de una negociación. Esperaba que Gavin reaccionara positivamente a la oferta, que tal vez presentara una contraoferta, y que las partes pudieran acercarse poco a poco. Parecía que avanzábamos lentamente hacia una resolución. Para mi asombro, Gavin y los *big blockers* no reaccionaron positivamente al BIP 103 en absoluto. Consideraban el aumento propuesto tan pequeño que era más un insulto que un progreso. Desgraciadamente, el BIP 103 no pareció ayudar. Con el aumento anual del 17,7% propuesto en el BIP 103, parecía probable que la demanda de transacciones de bitcoin superara este nivel de crecimiento. Por el contrario, los *big blocker* querían asegurar exactamente lo contrario; querían que el límite de tamaño de bloque aumentara más rápido que la demanda. Si ambas partes querían lo contrario, ¿podría alcanzarse realmente un compromiso?

Para los *big blockers*, la prioridad era la experiencia del usuario. Evitar los bloques llenos era clave, ya que de lo contrario los usuarios tendrían que esperar un tiempo impredecible hasta que se confirmaran sus transacciones. ¿Qué comerciante adoptaría bitcoin como método de pago si fuera tan poco confiable? Obligar a los usuarios a pujar unos contra otros en una guerra de ofertas por el espacio de bloques, por definición, negaría a algunos usuarios la posibilidad de utilizar bitcoin, alejándolos hacia otra cosa. Esto se consideró una terrible estrategia empresarial. ¿Qué tipo de plataforma tiene éxito cuando ahuyenta deliberadamente a los usuarios?

Para los *small blockers*, esto no era un problema. Para ellos, los bloques llenos no eran una especie de crisis; en todo caso, eran una señal de éxito. Indicaban que bitcoin se estaba haciendo popular, y que se produciría un nuevo nivel de equilibrio en la adopción de usuarios, reflejando la restricción del límite de tamaño de bloque. En ocasiones se burlaban del argumento de los *big blockers* de que las tarifas eran demasiado altas y provocaban que los usuarios se marcharan, comparándolo con una especie de paradoja: "Ya nadie va a ese lugar... está demasiado lleno".

Además, los *small blockers* tendían a considerar que los bloques completos eran necesarios e inevitables a largo plazo. Era necesario evitar la "espiral de la muerte" cuando el subsidio de bloque era bajo. También era necesario garantizar que los mineros hicieran avanzar la cadena una vez que el subsidio fuera bajo. Se consideraba vital tener siempre un excedente de transacciones que no entraban en los bloques y estaban ahí esperando a ser incluidas; de esa forma, los mineros siempre tenían un incentivo para construir bloques. Si no hubiera bloques completos ni un excedente de transacciones, ¿por qué se molestaría un minero en minar si no hay ingresos? En lugar de eso, los mineros apagarían sus máquinas, ahorrarían costos energéticos y esperarían a que se acumularan de nuevo transacciones después de cada bloque. Esto reduciría enormemente la seguridad de la red. Los *big blockers* consideraron este razonamiento muy inadecuado. El subsidio de bloque existiría durante décadas; ¿por qué perder clientes ahora por algo que puede ser un problema dentro de 20 o 100 años?

Los *small blockers* también creían que los bloques llenos eran inevitables de todos modos. Al fin y al cabo, si había espacio de bloque disponible, ¿por qué no utilizarlo? Cualquiera podría almacenar lo que quisiera en la *blockchain*, como su colección de música o documentos encriptados. La demanda de almacenamiento barato y altamente replicado era esencialmente ilimitada, argumentaron. Pedir que el límite aumente por encima de la demanda prevista no tiene sentido. De hecho, una sola persona podría llenar fácilmente todo el espacio. La réplica de los *big blockers* volvía al argumento del incentivo a la minería: los mineros no lo harían, afirmaban, los mineros no permitirían esta cantidad de datos en los bloques. Además de esto, los *big blockers* argumentaron que los bloques no se habían llenado en los primeros cinco años de bitcoin, una característica que, según ellos, contribuyó a su éxito. ¿Por qué querría alguien dar el arriesgado paso de cambiar eso ahora?

Por desgracia, la comunidad no estuvo cerca de llegar a un acuerdo y Gavin siguió adelante con su plan. Se dice que en julio de 2015 Gavin sondeó a algunos mineros y pools mineros chinos sobre su propuesta.[23] Hubo una reunión en Pekín, en la que se dice que los mineros no estaban de acuerdo con Gavin en presionar para un aumento a 20 MB, ya que la infraestructura de comunicación china se consideraba demasiado débil para transmitir bloques de este tamaño con rapidez. Por lo tanto, se dijo que se había llegado a un acuerdo para bloques de 8 MB. Gavin se estaba preparando entre bastidores para su gran jugada prevista para agosto, para la que ahora faltan sólo unas semanas.

En la sección de preguntas y respuestas del sitio web de Bitcoin XT se decía lo siguiente:

> *Las decisiones se toman por acuerdo entre Mike y Gavin, siendo Mike quien toma la última decisión si surgiera una disputa seria.*[24]

En algunos sectores de la comunidad, esto no hizo más que reforzar la impresión de que todo esto era una toma de poder por parte de Mike. ¿Quién era Mike para "tomar la decisión final"? No es que hubiera nada malo en Mike, parecía un tipo bastante agradable; es sólo que hacer esta declaración tan descaradamente no parecía el enfoque correcto. A los bitcoiners les gusta sentir que tienen el control, quieren ser propietarios y tener soberanía financiera. Esto no formaba parte del mensaje de Bitcoin XT en absoluto, que parecía demasiado centrado en Mike personalmente. Ahí radica el segundo gran error de los *big blockers*: Bitcoin XT se asoció demasiado con Mike, en lugar de presentarse como un enfoque más popular. Incluso centrar el software en torno a Gavin podía mejorar las posibilidades de éxito.

NOTAS

1. Una *darknet* es una red superpuesta dentro de Internet a la que sólo se puede acceder con software, configuraciones o autorizaciones específicas, y que a menudo utiliza un protocolo de comunicación único y personalizado (N. del T.).

2. https://github.com/bitcoin/bitcoin/blob/a30b56ebe76ffff9f9cc8a6667186179413c6349/main.h#L18

3. https://gist.github.com/gavinandresen/2355445

4. https://bitcointalk.org/index.php?topic=1347.msg15139#msg15139

5. https://www.mail-archive.com/cryptography@metzdowd.com/msg09964.html

6. https://www.mail-archive.com/cryptography@metzdowd.com/msg09963.html

7. En informática, un *script* es un término informal que se usa para designar un lenguaje de programación que se utiliza para manipular, personalizar y automatizar las instalaciones de un sistema existente (N. del T.).

8. https://bitcointalk.org/index.php?topic=195.msg1611#msg1611

9. También conocida como fondos de minería o *mining pools* en inglés, consisten en agrupaciones de mineros que dividen la recompensa de acuerdo con la cantidad de trabajo con la que han contribuido a la probabilidad de encontrar un bloque (N. del T.).

10. https://lists.linuxfoundation.org/pipermail/bitcoin-dev/2015-August/010238.html

11. https://bitcoin.org/bitcoin.pdf

12. http://archive.is/URni1

13. https://bitcointalk.org/index.php?topic=157141.0;all

14. https://www.youtube.com/watch?v=cZp7UGgBRoI

15. *Unspent transaction output* (UTXO) se refiere a una salida o resultado de una transacción de bitcoin. Este *output* existe como UTXO hasta que se utiliza como entrada en una transacción posterior, momento en el que deja de ser no gastada (*unspent*). Los *inputs* o entradas de una transacción son punteros a UTXOs. Apuntan a un UTXO específico por referencia al *hash* de la transacción y al número de secuencia donde el UTXO está registrado en la *blockchain*. Para gastar UTXO, la entrada de una transacción también incluye *scripts* de desbloqueo que satisfacen las condiciones de gasto establecidas por el UTXO (N. del T.).

16. https://www.youtube.com/watch?v=RIafZXRDH7w

17. https://bitcoinmagazine.com/technical/the-battle-for-p2sh-the-untold-story-of-the-first-bitcoin-war

18. http://gavinandresen.ninja/time-to-roll-out-bigger-blocks

19. https://www.mail-archive.com/bitcoin-development@lists.sourceforge.net/msg07472.html

20. http://archive.is/kWqWo

21. https://sourceforge.net/projects/bitcoin/

22. https://github.com/bitcoin/bips/blob/master/bip-0103.mediawiki

23. https://bitco.in/forum/threads/gold-collapsing-bitcoin-up.16/page-712#post-25018

24. https://archive.is/KoknZ#selection-311.0-311.128

2. 3. 4.

5. 6. 8.

10. 11. 12.

13. 14. 16.

17. 18. 19.

20. 21. 22.

23. 24.

CAPÍTULO 3

ESCALADO I - MONTREAL

El fin de semana del 12 y 13 de septiembre de 2015, se celebró una conferencia llamada "Escalando Bitcoin 2015 Fase 1" en Montreal, Canadá. Se anunció como un intento de ayudar a resolver el conflicto que atormentaba a la comunidad en ese momento. Era, como mínimo, una oportunidad para que los principales personajes de ambos lados del debate hablaran entre sí. La mayor parte de la discusión se había desarrollado en foros en línea; se pensó que, con discusiones cara a cara, la gente tendría más posibilidades de apreciar el punto de vista de los demás. ¿Quién podría estar en contra?

Fundamentalmente, los que muchos consideraban los principales protagonistas de cada lado del debate estarían allí, Gavin Andresen (del lado de los *big blockers*) y Gregory Maxwell (del lado de los *small blockers*). Gregory, desarrollador de bitcoin, era un firme e intransigente defensor de los bloques pequeños, quizá menos dispuesto a ceder que nadie. Gregory era excepcionalmente inteligente y me pareció que tenía un gran conocimiento de la mayoría de los campos de estudio relacionados con bitcoin, desde la informática y la criptografía hasta la teoría de juegos y de incentivos. A veces se referían a él como el mago de bitcoin. Su primer publicación en BitcoinTalk, en mayo de 2011, fue sobre las tarifas de transacción de bitcoin y los incentivos a la minería, describiendo cómo las tarifas eran necesarias para asegurar la red.[1]

En 2014, Gregory cofundó Blockstream, una empresa que parecía estar formada íntegramente por *small blockers* con un modelo de negocio que dependía de que las comisiones de bitcoin se volvieran elevadas, ya que Blockstream ofrecía posibles soluciones a este problema. Un problema que, según los *big blockers*, no existía, o más exactamente, no debería existir. Por lo tanto, Blockstream era odiado por los *big blockers*, que consideraban que tenía un conflicto de intereses financieros: un incentivo para mantener los bloques pequeños. En defensa de Blockstream, existen pruebas considerables de que la mayoría de los cofundadores y empleados de la empresa apoyaban los argumentos de los *small blockers* mucho antes incluso de que se creara o concibiera la empresa. Algunos de los *big blockers* parecían simplemente tener la causa y el efecto al revés. En mi opinión, los empleados de Blockstream parecían haberse unido a la empresa por la opinión preexistente que tenían sobre el escalado, en lugar de haber llegado a esa opinión después de unirse a Blockstream. Por otra parte, el sesgo de confirmación y el pensamiento de grupo son problemas reales, y puede que haya sido un poco de ambos. Sin embargo, en contra de lo que afirman los conspiranoicos, nadie en Blockstream era deliberadamente malintencionado; cualquier fallo en su razonamiento cognitivo era probablemente subconsciente. Lo mismo puede decirse de Gavin y los *big blockers*.

El propio Gregory fue muy activo debatiendo esta cuestión en Reddit, y se convirtió en una de las figuras más ridiculizadas del espacio. Gregory consideraba que el proceso de desarrollo de bitcoin era muy complejo y científico, con muchas disyuntivas técnicas que obligan a hacer concesiones en algún aspecto. No veía con buenos ojos la participación de lo que él consideraba masas desinformadas en el proceso de toma de decisiones, comparándolas con espectadores ligeramente borrachos en un evento de carreras que toman decisiones sobre cómo diseñar los coches de carreras.

> *Haciendo una analogía automovilística, tienes un equipo de mecánicos que acaba de añadir pistones reforzados, control de la mezcla de combustible y aire con sensores antidetonantes de circuito cerrado, nitroso, y que recientemente ha inventado y está planeando construir el turbocompresor, todo ello mientras contribuyen al mantenimiento de la pista y pintan el coche (que resultan ser algunas de sus actividades más visibles, porque son fáciles de explicar). Y mientras están debatiendo sobre las relaciones de compresión, el combustible de alto octanaje y la aparente imposibilidad de conseguir que el coche vaya mucho más rápido con el estado actual de la tecnología, hay un tipo de pie al margen con una gorra de cerveza que dice: "No hay problema, chicos, vamos a quitar los frenos", y el público enloquece: Por fin alguien que se preocupa por la velocidad.*[2]

Gregory se ganó el apodo de *"One Meg Greg"*[3] por su apoyo en favor de bloques más pequeños, y quizá era más detestado por los *big blockers* que cualquier otro.

Como alguien fascinado por el debate sobre el tamaño de los bloques, dados los protagonistas que asistían, sentí que simplemente tenía que asistir a la conferencia de Canadá. Pensé que tal vez Gavin y Gregory discutirían las cosas abiertamente y avanzarían hacia la resolución del conflicto, y esto es algo que tenía muchas ganas de presenciar. Por aquel entonces trabajaba en Londres para una empresa de gestión de inversiones llamada Ruffer. Me quedaban pocas vacaciones y no podía tomarme más tiempo libre. Sin embargo, la conferencia era el fin de semana. Ideé un plan para ir y volver rápidamente, asistir a la conferencia y apenas faltar a mis obligaciones laborales. Salí de Londres el viernes a las 18.45 y aterricé en Montreal a las 20.50, hora local. Volví a casa en un vuelo nocturno que salió de Montreal el domingo a las 22.35 horas y llegó a Londres el lunes a las 10.10 horas. Sólo perdería un par de horas de trabajo el viernes por la noche y llegaría un poco tarde el lunes: perfecto.

Me planteé dar explicaciones a mis colegas de la oficina y pedir más tiempo libre. Al fin y al cabo, era una empresa de inversiones y este viaje podía clasificarse como investigación de inversiones. Por lo tanto, no necesitaría un horario tan intenso. Ruffer era una casa de macroinversiones, conocida por predecir con exactitud la crisis financiera mundial de 2008 y beneficiarse de ella. La empresa parecía estar perpetuamente preocupada por el riesgo de alta inflación, impulsada por la relajación monetaria de los banqueros centrales y la expectativa de grandes déficits fiscales. El equipo de inversión parecía muy inteligente, curioso y abierto a nuevas ideas. Muchas personas de la empresa eran también grandes conocedoras de la historia monetaria. De hecho, durante mi primera semana en la empresa, uno de los directivos me llevó a una sala y me preguntó cómo definiría yo el dinero. Por lo tanto, bitcoin parecía encajar potencialmente en Ruffer, al menos algún día. Sin embargo, un par de años antes, en 2012 y 2013, había hablado extensamente sobre bitcoin con algunos de mis colegas. Aunque todos fueron siempre educados y respetuosos, me pareció que la impresión general era algo negativa. Probablemente era mejor no mencionar este viaje, así que elegí el camino de un intenso viaje de dos días a Canadá, en lugar de la agenda más relajada de un viaje oficial de negocios.

Poco sabía entonces, pero casi exactamente cinco años después de esta conferencia, cuando la guerra del tamaño de bloque no era más que historia antigua que se desvanecía en la memoria, Ruffer compraría unos 700 millones de dólares en bitcoin para sus clientes (alrededor del 2,5% de las carteras de los clientes). Este sería un momento monumental para el ecosistema, especialmente en el Reino Unido. La compra de bitcoin por parte de una organización tan respetada y conservadora como Ruffer tuvo un impacto significativo en la percepción de la moneda por parte del sector financiero.

Llegué a mi hotel en Canadá, que estaba a unos minutos a pie del lugar de la conferencia, sobre las 2 de la madrugada del sábado, hora local. Estaba muy cansado, pero pude escuchar un podcast de una hora sobre el conflicto del tamaño de los bloques, un debate entre Gavin y Adam Back.[4] Adam era la única persona a la que se hacía referencia en el texto principal del *white paper* de bitcoin por su concepto de Hashcash en 1997, y con el tiempo se convirtió en uno de los protagonistas del lado *small blocker* del debate. Adam era el presidente de Blockstream. En ese momento, Adam parecía adoptar una postura más moderada que Gavin, ofreciendo su apoyo a la idea de aumentar el límite de tamaño de bloque a 2 MB, luego a 4 MB y después a 8 MB, con intervalos de tiempo de dos años entre los cambios (BIP 248). Esto no parecía muy alejado de lo que Gavin quería, salvo que Adam se oponía a los continuos aumentos hasta los 8.000 MB que Gavin apoyaba. En el podcast, recuerdo que Gavin comentó que Satoshi había dicho que los nodos podían funcionar en centros de datos procesando muchas transacciones. Adam replicó que la minería estaba ahora más centralizada que en la época de Satoshi. Esta centralización de la minería significaba que el equilibrio había cambiado: los usuarios que gestionaban los nodos para validar las reglas y mantener la red descentralizada eran ahora más importantes que antes. Es importante darse cuenta de que, cuando Satoshi estaba activo en el espacio, no había una distinción real entre nodos de validación y nodos de minería. En esencia, eran lo mismo. En 2015, las cosas habían cambiado: ahora había granjas mineras especializadas.

Llegué al lugar de la conferencia a las 8 de la mañana del sábado y había unos cientos de invitados. El ambiente era tranquilo y silencioso. La mayoría de la gente no parecía conocerse y, como yo, se consideraban observadores curiosos en esta disputa, más que participantes. Realmente parecía haber una buena mezcla de personas de ambos lados del debate, y me pareció que el acto fue provechoso y productivo. La mayoría de las charlas se centraron en la ingeniería detrás del escalado de bitcoin, con especial énfasis en el método científico y en cualquier análisis que contuviera datos y estadísticas en torno a los límites técnicos de la red. El principal organizador del evento parecía ser Pindar Wong, antiguo miembro de la Junta directiva de la ICANN (Corporación de Internet para la Asignación de Nombres y Números en español), experto en gobernanza de Internet, que también había estado detrás de uno de los primeros ISP del mundo. Gran parte de la conferencia se centró en las lecciones aprendidas de las disputas sobre gobernanza en organismos de Internet como el IETF (Grupo de Trabajo de Ingeniería de Internet en español) y su posible aplicación a bitcoin.

Hubo dos charlas que más me llamaron la atención: una de Peter Rizun sobre la teoría económica del tamaño de los bloques, y otra de Jeff Garzik sobre varias propuestas de límite de tamaño de los bloques. La charla de Peter se centró en la teoría económica que subyace al límite del tamaño de los bloques. En su opinión, el argumento de la espiral de la muerte no es aplicable, ya que, sin un límite de tamaño de bloque, se puede tener un mercado de tarifas por transacción que funcione. Sin embargo, afirmó que la inflación no nula era un supuesto de su teoría, lo que está bien si se tiene una perspectiva a corto y medio plazo. Para quienes se centran en la sostenibilidad del sistema a largo plazo, puede que esta suposición no haya parecido apropiada. Peter consideró el límite del tamaño de los bloques como una cuota de producción, lo que es un impedimento para el libre mercado, que, según él, determinaría las tarifas de las transacciones de una manera más eficiente. Peter terminó su discurso haciendo referencia a la censura en el subreddit de bitcoin de aquellos que defendían la eliminación de la cuota de producción y a los ataques DDoS a clientes y pools de minería que apoyaban la eliminación de la cuota, como Bitcoin XT y Slushpool respectivamente. Peter también mencionó la disminución de los nodos que apoyaban la cuota de producción. Mostró gráficos circulares en pantalla que ilustraban que el 2% de los nodos de la red bitcoin estaban ejecutando Bitcoin XT el 15 de agosto de 2015, una cifra que aumentó al 15% el 30 de agosto de 2015. Peter predijo entonces que esta cuota de producción fracasaría.

> *Bitcoin destruirá los diques construidos por grupos de intereses especiales que intentan bloquear el flujo de transacciones. Eso es todo lo que tengo que decir sobre el mercado de las comisiones por transacción.*[5]

La frase anterior sobre un "flujo" era claramente una referencia a Blockstream,[6] y este comentario atrajo considerables risas entre el público. Algunos de los *small blockers* más sensibles murmuraron que se trataba de un troleo, y que violaba el espíritu de colaboración de la conferencia.

El otro discurso que merece la pena mencionar es el de Jeff Garzik, titulado "Problemas que afectan a las propuestas de tamaño de bloque". Jeff fue otro de los primeros desarrolladores de bitcoin, que propuso eliminar el límite de tamaño de bloque pocas semanas después de que se añadiera en 2010, como se mencionó en el capítulo 2. A pesar de ello, Jeff siempre se había mostrado moderado en el tema del tamaño de bloque, a menudo articulando ambos lados de la discusión. Parecía estar tratando de posicionarse como alguien capaz de tender un puente entre ambas partes, y nunca pareció apoyar Bitcoin XT. Sin embargo, parecía dispuesto a tomar algún tipo de decisión, más pronto que tarde, y no tuvo la paciencia de los *small blockers*. Jeff enfatizó en su charla que el límite de 1 MB era en gran medida un problema de marketing que disuadiría a las empresas de comenzar proyectos relacionados con bitcoin.

> *Otro problema es lo que yo llamo el problema de Fidelity. Fidelity es una de las muchas compañías de Wall Street que estaban considerando hacer algunos experimentos con bitcoin y ellos, como muchos otros, dijeron que si encendían el interruptor de su programa Beta, superarían la capacidad de bitcoin. Esto hace que el proyecto no funcione desde el principio, ya que los proyectos nunca se inician y el crecimiento que se espera medir nunca aparece.*[7]

Por la tarde, la conferencia se dividió en grupos más pequeños. A mí me asignaron un grupo de cinco o seis personas, junto con Gavin. Otros hablaron de las lecciones que aprendieron de las disputas relacionadas con protocolos criptográficos, como las decisiones polémicas sobre cómo seleccionar una función *hash*. Hablaron de la necesidad de diálogo y paciencia. Se debatió el concepto de "consenso aproximado", una metodología utilizada por el IETF que consiste en juzgar el "sentido del grupo".

> *Los grupos de trabajo toman decisiones mediante un proceso de "consenso aproximado". El consenso del IETF no requiere que todos los participantes estén de acuerdo aunque, por supuesto, es lo preferible. En general, prevalecerá la opinión dominante del grupo de trabajo. (Sin embargo, debe tenerse en cuenta que el "predominio" no debe determinarse en función del volumen o la persistencia, sino en un sentido más general de acuerdo). El consenso puede determinarse levantando la mano, tarareando o por cualquier otro medio sobre el que el grupo de trabajo se ponga de acuerdo (por consenso aproximado, por supuesto). Tenga en cuenta que el 51% del grupo de trabajo no se considera*

> *un "consenso aproximado" y que el 99% es mejor que aproximado. Corresponde al Presidente determinar si se ha alcanzado un consenso aproximado.*[8]

Fue entonces el turno de Gavin. Básicamente dijo que todo esto del diálogo y la paciencia estaba muy bien, pero que en algún momento había que tomar una decisión final y que alguien, o algún proceso, tenía que estar en marcha para tomar esa decisión final. El problema aquí, proclamó, es que nadie sabía quién o cómo se tomaría esa decisión final. Lo que dijo era razonable, pero percibí que se estaba frustrando y perdiendo la paciencia. No es de extrañar, dada la inmensa presión a la que debía estar sometido, ya que era una de las personas en las que todo el mundo centraba su atención. Sentí un gran respeto por Gavin en aquel momento, por su voluntad de participar en este proceso de debate, cuando lo más fácil habría sido no molestarse en asistir, que es el camino que Mike Hearn había elegido.

Esta conferencia fue la primera vez que conocí a Gregory en persona. Tras leer sus mensajes en Internet, tuve la impresión de que era excepcionalmente inteligente, con una fuerte personalidad, un pensador rápido y algo impaciente e intolerante con los que tenían un escaso conocimiento técnico de algunos conceptos de informática o bitcoin. Me sorprendió su personalidad en persona: parecía tranquilo, curioso, educado, reflexivo y abierto, un Gregory muy diferente de lo que cabría esperar.

En los pasillos de la conferencia, durante uno de los descansos, observé que Gavin y Gregory se sentaban cerca y empezaban a hablar. Esto es lo que muchos asistentes esperaban ver: a los principales protagonistas de cada bando discutiendo sobre el tema. A medida que avanzaba el tiempo, el grupo que presenciaba la discusión era cada vez más numeroso, pues cada vez eran más los que querían escuchar lo que se decía. La conversación parecía bastante tangencial a los temas y luego se volvió más lenta. Ambas partes parecían muy incómodas, especialmente Gregory. Su formato de discusión preferido eran claramente los foros web, donde la conversación estaba abierta a que todo el mundo la viera. Algo tan crítico como el protocolo bitcoin no debería discutirse en este tipo de formato cerrado, al menos si se iba a tomar alguna decisión. Por lo tanto, la conversación terminó bastante rápido y no se dijo mucho de sustancia.

El formato y el marco de la conferencia se inclinaron ciertamente hacia la visión de los *small blockers* sobre cómo deberían evolucionar las cosas. Se hizo hincapié en la ciencia y el debate, más que en la toma de decisiones. El formato de mérito científico era sin duda la forma en que muchos *small blockers* querían que evolucionara el espacio. Los *big blockers* parecían favorecer un enfoque más empresarial; no consideraban bitcoin como un proyecto científico teórico, sino como un sistema vivo del mundo real, con usuarios reales. En general, los *big blockers* eran usuarios activos de bitcoin y querían facilitar su uso, sin verse obstaculizados por informáticos teóricos a los que percibían como personas que ni siquiera utilizaban bitcoin. Los *big blockers* acusaron a los organizadores de la conferencia de complicar demasiado el asunto y de utilizar el evento como una táctica dilatoria para ganar tiempo. Cínicamente rebautizaron la serie de conferencias Escalando Bitcoin como "Estancando Bitcoin".

NOTAS

1. https://bitcointalk.org/index.php?topic=7361.msg108052#msg108052
2. https://www.reddit.com/r/Bitcoin/comments/3hfgpo/an_initiative_to_bring _advanced_privacy_features/cu7mhw8/?context=9
3. *One Meg* hace referencia 1 Megabyte (N. del T.).
4. https://www.bitcoin.kn/2015/09/adam-back-gavin-andresen-block-size-increase/
5. https://diyhpl.us/wiki/transcripts/scalingbitcoin/peter-r/
6. La frase original en inglés es "block the stream" (N. del T.).
7. https://diyhpl.us/wiki/transcripts/scalingbitcoin/issues-impacting-block-size
-proposals/
8. https://tools.ietf.org/html/rfc2418

1. 2. 4.

5. 7. 8.

CAPÍTULO 4

ESCALADO II - HONG KONG

Unos meses después de la primera conferencia de escalado, la segunda fase tuvo lugar en Hong Kong los días 6 y 7 de diciembre de 2015. Se eligió Hong Kong por su proximidad a China, donde se encontraban muchos mineros de bitcoin. La falta de colaboración entre los mineros y los desarrolladores se consideraba un problema importante en ese momento, y la ubicación fue diseñada para abordar esta preocupación. Por aquel entonces yo ya había decidido marcharme de Ruffer y trasladarme a Hong Kong, así que el momento y la ubicación de la conferencia me vinieron muy bien. Aproveché la oportunidad para encontrar un apartamento en la ciudad y pasé una semana entera en la región. Hong Kong se convertiría más tarde en uno de los principales campos de batalla de este conflicto y, si uno quería ser testigo del desarrollo de esta guerra, era sin duda un buen lugar para estar.

La conferencia tuvo lugar en Cyberport, un parque empresarial situado en la parte oeste de la isla de Hong Kong, con vista al océano. El proyecto Cyberport había sido controvertido en Hong Kong. Se pretendía que fuera un centro tecnológico y de *startups* para la ciudad, razón por la cual se aprobó el proyecto. Sin embargo, no muchas empresas tecnológicas se habían instalado allí, y la mayor parte del inmenso espacio había quedado vacío, lo que dio lugar a acusaciones de que se trataba de una urbanización encubierta. El gobierno concedió el proyecto urbanístico a Pacific Century Group, empresa controlada por Richard Li, hijo del magnate inmobiliario hongkonés Li Ka-Shing. Polémicamente, este proyecto se adjudicó sin licitación pública, lo que dio lugar a acusaciones de irregularidad.[1] Puede que pienses que estamos entrando en demasiados detalles aquí, pero sorprendentemente es la base de las teorías conspirativas de algunos de los *big blockers* más extremos. Horizon Ventures, la empresa de capital riesgo de Li Ka-Shing, había invertido en Blockstream y, por lo tanto, esta asociación con Cyberport se citó como prueba de un complot del *establishment* para paralizar bitcoin y mantener el tamaño de bloque pequeño. Lo mismo se dijo de la aseguradora francesa AXA, cuya rama de capital riesgo también invirtió en Blockstream. El antiguo consejero delegado de AXA era Henri de Castries, presidente del grupo directivo de la reunión de Bilderberg, un encuentro a puertas cerradas de las élites financieras y políticas del mundo, que proporcionó el material perfecto para los conspiranoicos. Estas teorías desquiciadas y estúpidas se repitieron una y otra vez en /r/btc.

El ambiente en Hong Kong era mucho más animado e intenso que en Montreal. La tensión era mucho mayor. También pareció menos productivo y menos útil que el de Montreal. No parecía que hubiera mucho diálogo y debate útil entre las dos partes en esta conferencia; sólo discusiones y enfrentamientos, principalmente personas que se dirigían la palabra unas a otras. La primera noche, en la fiesta de inauguración, intenté hacerme una idea del ambiente que reinaba entre los asistentes. Se trataba de un evento mucho más grande que el de Montreal, con un espectro más amplio de personas. El ambiente era muy optimista: la inmensa mayoría de los presentes eran *big blockers* que esperaban que el problema se resolviera en unos meses, con un aumento del límite del tamaño de los bloques. La mayoría de la gente parecía pensar que los argumentos a favor de los bloques pequeños estaban siendo derrotados poco a poco y que sólo una pequeña minoría se oponía a un aumento del límite de tamaño de los bloques a través de un *hardfork*.

En cuanto a las sesiones en sí, al igual que en Montreal fueron sobre todo técnicas. Una diferencia clave entre Montreal y esta conferencia fue la presencia de los mineros. Una de las sesiones más esperadas fue el panel minero del sábado por la tarde.[2] Había siete personas en el escenario en representación de la industria minera. Muchos de ellos eran oradores chinos, y se consideraba que China tenía alrededor del 65% del *hashrate* mundial en ese momento. La sesión comenzó con una pregunta sobre si apoyaban un aumento del límite del tamaño de los bloques.

La mayoría respondió afirmativamente, aunque algunos matizaron que era mejor proceder con cautela o que el diálogo entre China y Occidente debía mejorar. Gran parte de la traducción del chino al inglés corrió a cargo de Bobby Lee, que en aquel momento era consejero delegado y fundador del *exchange* BTCC. Bobby era un entusiasta defensor de bitcoin y había sido uno de los principales promotores de bitcoin en China. Las dos propuestas que se debatieron en el panel fueron la BIP 101 (implementada por Bitcoin XT) y la BIP 100 (una propuesta de Jeff Garzik que permitía a los mineros votar sobre cuál debería ser el límite de tamaño de bloque). La mayoría de los mineros mostraron su preferencia por el BIP 100, más que por el BIP 101. No es de extrañar, ya que el BIP 100 daba más poder discrecional a los mineros.

Wang Chung, operador de uno de los mayores pools de minería, F2Pool, afirmó que los mineros son la única parte que puede votar y que, por tanto, son ellos quienes decidirán. Bitcoin es un sistema de prueba de trabajo, argumentó, y no hay ningún mecanismo para que nadie más vote. Sin embargo, continuó diciendo que un límite de tamaño de bloque de 8 MB era demasiado grande, ya que llevaría demasiado tiempo sincronizar un nodo, lo que, según él, sería un desastre.

La mayoría de los mineros parecían estar de acuerdo en que tenían el control de la red y que era su decisión, sin embargo creían que no disponían de suficiente información para tomar la decisión correcta. En general, los *small blockers* no creían que los mineros tuvieran poder de decisión sobre el protocolo bitcoin, y que los usuarios finales controlaban, o deberían controlar, la red. La prueba de trabajo estaba ahí para resolver el problema del doble gasto, sostenían; los mineros simplemente deciden el orden de las transacciones. Sin embargo, la mayoría de los mineros creían que esta decisión les correspondía a ellos; en parte por prejuicios, ya que la gente tiende a querer más poder, pero también porque estaban siendo presionados por ambas partes. Después de todo, ¿por qué iban a ser ellos los que presionaran y les pidieran que votaran si la decisión no era suya? En cuanto a si los mineros tenían realmente este poder o no, no estaba del todo claro. Los *small blockers* más acérrimos argumentaban que los mineros nunca tuvieron esa capacidad, ya que nunca aceptarían monedas Bitcoin XT, mientras que otros creían que si se alcanzaba el umbral de activación del 75%, Bitcoin XT se convertiría en el nuevo bitcoin, ya que Bitcoin XT sería la cadena con "más trabajo". Desde su punto de vista, era este concepto de "más trabajo" el que controlaba la gobernanza de bitcoin, y los usuarios se unirían detrás del *hashrate* mayoritario. En cierto modo, cada bando tenía razón, basándose en sus suposiciones de que los usuarios se comportarían como ellos. Si Bitcoin XT alcanzaba el umbral del 75% y todo el mundo se actualizaba al cliente de bloque más grande, entonces habría un nuevo bitcoin de bloques más grandes. Sin embargo, si los usuarios se negaban a actualizarse, la cadena original persistiría y los mineros no tendrían el control. El problema aquí es que la mayoría de la gente asumió que otros usuarios se comportarían igual que ellos, sin considerar que podrían actuar de forma diferente.

Tras el panel sobre minería, hubo otro debate con mineros, en una sala lateral. Se trataba de una mesa redonda, no de un debate en el escenario. Que yo sepa, esta sesión no formaba parte oficial de la conferencia. Era lo que muchos de los asistentes a la conferencia querían ver y, a medida que avanzaba la sesión, la pequeña sala se fue abarrotando de gente. Llegaron a apretujarse en la sala unas 80 personas; sólo había sitio para estar de pie. En esta segunda reunión, algunos mineros parecieron decir que querían trabajar juntos con los desarrolladores de bitcoin y acordar una solución. Sin embargo, años después del evento, me informaron de que el mensaje no era tan colaborativo como esto; era más asertivo sobre el control del protocolo por parte de los mineros. Supuestamente, el mensaje se había perdido en la traducción, ya que el traductor quería intentar ayudar a resolver la situación, en lugar de dificultar la conversación y crear confrontación. Al parecer, uno de los mineros había dicho que tenían negocios reales, que invertían dinero real y que producían los bloques, lo que les daba un poder real sobre la red, mientras que los desarrolladores no tenían esa influencia.

Ahora parece el momento apropiado para introducir a Roger Ver en la historia, ya que asistió a la conferencia. Roger se describe a sí mismo como el primer inversor en *startups* de bitcoin. Sin duda, tenía un historial de inversiones exitosas en el sector, respaldando a empresas como Blockchain.info, Bitpay y Kraken. Roger había sido uno de los promotores más destacados e implacables de bitcoin en sus inicios, y siempre se había mostrado extremadamente entusiasmado con bitcoin. Se dice que cuando descubrió bitcoin por primera vez, Roger estaba tan emocionado por la oportunidad que fue hospitalizado durante varios días.[3] En particular, siempre lo había entusiasmado el uso de bitcoin para pagos, y había desempeñado un papel decisivo a la hora de impulsar la adopción de bitcoin animando enérgicamente a los comerciantes a aceptar pagos con bitcoin. Tal vez debido a este incesante entusiasmo por bitcoin, que no era del gusto de todos, se ganó el apodo de "El Jesús de Bitcoin".

Antes de bitcoin, Roger Ver tenía una empresa de venta de componentes de computadoras, MemoryDealers.com. Antes de eso, fue condenado por vender ilegalmente explosivos en Internet en Estados Unidos, por lo que cumplió una pena de prisión. Roger no pasó mucho tiempo en Estados Unidos tras salir de la cárcel. Renunció formalmente a su ciudadanía estadounidense en 2014, y en ese momento vivía en Tokio. Hasta donde sé, antes de esto Roger estaba interesado en el lado práctico y comercial de bitcoin y, antes de la guerra de tamaño de bloque, tenía poco interés en los aspectos técnicos o informáticos del sistema. Roger también era muy conocido en la comunidad bitcoin por asegurar a los usuarios la solvencia del *exchange* MtGox en julio de 2013, tras revisar "múltiples resúmenes bancarios".[4] Desafortunadamente, en ese momento MtGox era insolvente y había perdido miles de bitcoin.[5] Unos meses después de las garantías de Roger, en febrero de 2014, MtGox quebró espectacularmente. Esto dañó la reputación de Roger hasta cierto punto, sin embargo la gente en el espacio tiene poca memoria y siempre hay oleadas de nuevos miembros. En cualquier caso, MtGox ya parecía historia antigua en el invierno de 2015.

Roger era el propietario del subreddit alternativo de bitcoin, /r/btc y, dadas sus abiertas opiniones libertarias, se oponía firmemente a lo que percibía como censura en el subreddit principal /r/bitcoin. En este punto, en la conferencia, Roger no era conocido como uno de los principales defensores de bloques más grandes. En cambio, tuvo un altercado ruidoso y muy público con el CEO de OKCoin, Star Xu, sobre el dominio Bitcoin.com y un contrato supuestamente fraudulento.[6] Esto parecía tener algo que ver con Changpeng Zhao (entonces CTO de OKCoin), que pasaría a fundar el *exchange* de criptomonedas de gran éxito, Binance. No entraremos aquí en detalles, pero la cuestión es que, en aquel momento, Roger parecía distraído con otras cosas y no estaba directamente implicado en la discusión sobre el tamaño de los bloques, aunque está claro que estaba del lado de los *big blockers*.

Jeff Garzik intervino de nuevo en la conferencia y habló de los pros y los contras de las principales opciones, que eran esencialmente cuatro caminos a seguir: El BIP 101, su idea del BIP 100, un simple aumento puntual a 2 MB (BIP 102), o no hacer nada. Tras su intervención, se le preguntó cómo se tomaría la decisión. Respondió:

> *Creo que se trata más bien de un proceso en el que en Montreal hicimos una fase de introducción de datos. Ahora, en Hong Kong, estamos analizando todos los problemas, los costos de validación, las diversas propuestas, etcétera. El tercer paso consiste en volver a discutirlo con las empresas, los usuarios, los mineros y llegar a un consenso. Mi respuesta general es que es necesario dar a conocer lo que se piensa. Todo el mundo puede saber esto es lo que piensa jgarzik, o esto es lo que piensa BitPay. Creo que la transparencia y el debate son las formas de llegar a esto. Creo que los acuerdos cerrados, las visitas privadas a varias personas, esa no es la forma de hacerlo. Hay que hacerlo en público. Ese es el camino del código abierto.*[7]

Al final de la conferencia, Jeff volvió a subir al escenario. Esta vez pidió la opinión del público sobre las distintas propuestas. Exponía una propuesta y, si el público estaba de acuerdo, aplaudía. Cuando llegó a la idea de un simple aumento a 2 MB, hubo una gran cantidad de aplausos en todo el recinto. Alrededor del 70% de los delegados aplaudieron con entusiasmo. Sin embargo, una pequeña minoría se mostró claramente descontenta con el proceso y pidió a los asistentes que dejaran de aplaudir. Querían que las decisiones se tomaran en función de los méritos, no de quién aplaudía más fuerte en un acto. Sin embargo, a la mayoría le pareció inofensivo. Parecía como si la opinión consensuada en la conferencia fuera que ir más allá de los 2 MB era demasiado arriesgado por ahora. Muchos oradores, entre ellos el *big blocker* Jonathan Toomim, habían presentado argumentos técnicos sobre por qué 2 MB era seguro dadas las condiciones actuales de la red y que, si superábamos esa cifra, los tiempos de propagación de los bloques podrían causar problemas a la red. La mayoría de los mineros parecían estar de acuerdo con esta lógica.

Después de este evento, no había un camino claro de cara al futuro. Sin embargo, lo que sí parecía claro era que Bitcoin XT estaba muerto. La opinión era que 2 MB podían ser adecuados por ahora, no 8 MB. Bitcoin XT no se retiró formalmente, ni sus defensores reconocieron que habían presionado demasiado para conseguir un límite demasiado grande. Tal reconocimiento podría haber ayudado a resolver la situación. Para los *small blockers*, Bitcoin XT había creado una situación de crisis, provocando tensiones y controversias que dificultaron el avance en la cuestión del tamaño del bloque. Mientras que, para los *big blockers*, fue un catalizador necesario para poner en marcha el debate.

Después de la conferencia, salí a cenar con siete u ocho personas de Blockstream, fuera de la isla de Hong Kong, en Kowloon. La mayor parte de la discusión durante la cena giró en torno a temas muy técnicos, como la forma en que las firmas de bitcoin podrían comprimirse o agregarse. Esta discusión se trasladó entonces a Gavin y sus tácticas. ¿No se da cuenta Gavin de que a los bitcoiners no les gusta que les digan lo que tienen que hacer? La gente se siente dueña de bitcoin y quiere tener el control. Bitcoin XT les fue impuesto desde arriba, sin ningún esfuerzo por hacer que los usuarios sintieran que tenían el control, que era su decisión. Pensaban que, desde un punto de vista táctico, Gavin parece haber cometido un gran error. Todos en la mesa parecían estar de acuerdo y sorprendidos por el aparente paso en falso de Gavin. Todavía había simpatía en la mesa; la mayoría quería que Gavin escuchara sus consejos e intentara aumentar de nuevo el límite del tamaño de bloque con un enfoque más colaborativo, que dejara a los usuarios sentirse más al mando de su moneda. Si Gavin se limitara a decir a los usuarios que era su decisión, probablemente todos lo seguirían, opinó alguien en la mesa. Sin embargo, parecía que Gavin no iba a hacerlo, porque no creía que fuera decisión de los usuarios.

Tomamos el ferry de vuelta a la isla de Hong Kong a altas horas de la noche. Recuerdo los imponentes rascacielos del centro de Hong Kong, la ciudad que pronto sería mi nuevo hogar. El centro de la ciudad está dominado por el sector de los servicios financieros, o lo que algunos bitcoiners llaman el sistema financiero tradicional. La sensación de poder que proyectaban los edificios ponía el debate en perspectiva. No éramos más que unos cientos de personas discutiendo en una habitación de Hong Kong. ¿Era bitcoin realmente tan importante? ¿Sería bitcoin capaz de enfrentarse al sistema financiero algún día? Si no podemos resolver esta disputa ahora, cuando sólo unos cientos de personas se preocupan realmente por ella, ¿qué esperanza tiene realmente bitcoin? Pensé en la inmensa presión que ejercerían sobre bitcoin los principales actores económicos y políticos a medida que bitcoin creciera. Haría que lo que Mike y Gavin estaban haciendo pareciera minúsculo en comparación.

Empecé a darme cuenta de que las reglas de la red tenían que ser sólidas. No importa quién intente cambiarlas, o si es una buena idea o no. Si bitcoin iba a tener éxito, tenía que ser realmente difícil cambiar las reglas, de lo contrario no resistiría la presión del principal *establishment* financiero, que seguramente surgiría a medida que aumentara el valor del sistema.

Sin embargo, desde el punto de vista de los *big blockers*, aumentar el límite de tamaño de los bloques no era un cambio en las reglas. Al contrario, era atenerse a la visión original. Era un cambio en las reglas en un sentido literal y en un sentido informático, en el sentido de que la regla de la red se relajaría si aumentaba el límite del tamaño de bloque. Sin embargo, pensaban que, si el límite persistía, se produciría un cambio económico importante y un cambio de visión: pasaríamos de bloques incompletos a bloques completos.

Sin embargo, el statu quo tenía que definirse de alguna manera. Para que bitcoin tuviera éxito, tenía que haber una dinámica que garantizara que el statu quo sobreviviera y prevaleciera. Por lo que pude ver, esta dinámica de punto focal parecía funcionar alrededor de las reglas técnicas de la validez de los bloques. No parecía haber ningún mecanismo que garantizara que la visión de la gente sobre la red no pudiera cambiar. Sólo las reglas sobre la validez de los bloques parecían difíciles de cambiar, debido al hecho de que la divergencia del statu quo podría resultar en una división de la red económicamente costosa.

Este sistema de gobernanza distaba mucho de ser perfecto, y dejaba el sistema como potencialmente demasiado inflexible, pero es todo lo que teníamos que parecía potencialmente sostenible. Me recordó una cita de Winston Churchill: "La democracia es la peor forma de gobierno, excepto todas las demás". Quizá un sistema en el que prevalece el statu quo, a menos que haya un consenso abrumador a favor del cambio, sea la peor forma de gobierno de bitcoin, excepto todas las demás.

NOTAS

1. https://www.wsj.com/articles/BL-HKB-292
2. https://www.youtube.com/watch?v=FknDfW9em9s
3. https://www.youtube.com/watch?v=P90C_goIX8I
4. https://www.youtube.com/watch?v=UP1YsMlrfFo
5. https://blog.bitmex.com/the-june-2011-flash-crash-to-0-01/
6. https://www.youtube.com/watch?v=F41670Wx9Vk
7. https://diyhpl.us/wiki/transcripts/scalingbitcoin/hong-kong/a-bevy-of-block-size-proposals-bip100-bip102-and-more/

1. 2. 3.

4. 5. 6.

7.

CAPÍTULO 5

SEGWIT

En la primera sesión del segundo día de la conferencia de escalado de bitcoin en Hong Kong, durante uno de los espacios principales, el desarrollador de bitcoin Pieter Wuille dio una charla sobre algo llamado *Segregated Witness* (SegWit). SegWit es una forma de aumentar el tamaño de bloque de bitcoin, sin que el nuevo cliente sea incompatible (es decir, se trata de un *softfork* en lugar de un *hardfork*). Una transacción bitcoin consta de varios componentes, uno de los cuales es la firma, que autoriza el gasto. Esta firma suele ser la mayor parte de la transacción, en función de la cantidad de datos. SegWit era un nuevo formato de transacción, en el que no era necesario incluir la firma en el bloque antiguo, que seguía teniendo un límite de 1 MB. Los clientes que se actualizaran a SegWit verían un nuevo bloque, que incluía estas firmas; para estos nuevos clientes, el antiguo límite de 1 MB del tamaño del bloque se eliminaba y se sustituia por un "límite de peso" de 4 millones de unidades. El límite de peso se definía como cuatro veces la cantidad de datos que no son firmas, en bytes, más la cantidad de datos de firmas segregados, en bytes. Esto significaba que los datos de firma recibían un descuento en el cálculo, pero el límite global sería de unos 2 MB, que es, por supuesto, lo que mucha gente parecía querer: un aumento del límite de tamaño de bloque a unos 2 MB.

Un desarrollador de bitcoin de Florida llamado Luke Dashjr había descubierto un hack, que hizo posible SegWit como una actualización compatible (*softfork*) de bitcoin. Luke estaba considerado como uno de los *small blockers* más extremos y era otra figura odiada en la comunidad de los *large blockers*, junto con Gregory Maxwell. A Luke no le asustaba en absoluto destacar entre la multitud con sus opiniones contrarias al consenso. Hasta cierto punto, el católico convencido y padre de siete hijos era la Casandra de la comunidad técnica; excepcionalmente estridente.[1] Sin embargo, es evidente que Luke tenía un gran conocimiento técnico de bitcoin, y su aparente pensamiento no lineal, que le hacía ver las cosas de forma diferente a los demás, puede haberlo ayudado a concebir este *hack* que los demás desarrolladores no terminaban de entender.

Para los que lo entendían, SegWit parecía una brillante propuesta beneficiosa para todos. La red podía llegar a bloques de 2 MB, y a la vez evitábamos el problema de que la actualización fuera incompatible. Además, las *wallets* antiguas y las nuevas podían interactuar sin problemas y la actualización era totalmente opcional: los usuarios podían actualizar a SegWit o seguir utilizando la red como antes. Desde la perspectiva de las *wallets* antiguas, las transacciones del nuevo estilo carecerían de firma. Sin embargo, la *wallet* seguiría viendo la transacción y la reconocería como válida una vez incluida en la cadena de bloques. SegWit también significaba que la capacidad de transacción podría aumentar potencialmente más rápido que con un simple *hardfork* de aumento del límite de tamaño de bloque, porque no tendríamos que esperar a que todo el mundo se actualizara y podríamos empezar a utilizar el nuevo espacio de bloques razonablemente rápido.

SegWit no sólo parecía ser una sólida victoria para bitcoin, sino también un brillante movimiento táctico, intencionado o no, de los *small blockers* en la guerra del tamaño de bloque. La propuesta era simplemente tan buena que no había argumentos válidos en su contra. Gavin tendría que apoyar la propuesta SegWit, y en su mayor parte lo hizo.[2] Si las conferencias sobre escalado fueron una conspiración encubierta para ganar tiempo y lanzar esta idea, ¡entonces bien jugado! Cabe señalar que no estoy haciendo esta acusación aquí. A los *big blockers* se los habría frenado en seco con su campaña en favor de un *hardfork*, y se habría ganado un tiempo vital. Recuerdo haber hablado con algunos de los *big blockers* de entonces. Me informaron de que pensaban que habían sido superados por lo que consideraban una propuesta ingeniosa.

Por supuesto, todo esto era en teoría. En un mundo hipotético, en el que todo el mundo entendiera SegWit y todos los actores fueran racionales, era una jugada brillante. Con la gente discutiendo sobre el límite del tamaño de los bloques, la propuesta eliminaba el límite y lo sustituía por otra cosa, negando así la discusión. Sin embargo, la realidad distaba mucho de ser así. SegWit era excepcionalmente complicado y casi nadie lo entendía. Este fue el primer gran ejemplo de cómo los *small blockers* sobreestimaron la inteligencia de sus oponentes, o al menos sobreestimaron la capacidad de sus oponentes para entender aspectos de la informática. Por ejemplo, en retrospectiva, la propuesta debería haberse llamado simplemente algo así como "Aumento a 2 MB de los bloques". En cambio, tenía un nombre profundamente críptico y confuso, que sonaba muy sospechoso para los *big blockers*, que querían algo claro y sencillo que pudieran entender. Los *big blockers* parecían detectar que este movimiento venía de su enemigo y querían salirse con la suya. Esta guerra era por el control, y ellos querían el control. Veían SegWit como un mecanismo de bloqueo adicional, para detener a los *big blockers*. Por lo tanto, sin entender realmente SegWit, se opusieron a él.

A medida que SegWit fue ganando adeptos en la comunidad técnica, empezaron a surgir ideas erróneas y malentendidos entre los *big blockers*. Estos malentendidos y rumores incluían (pero sin duda no se limitaban a) los siguientes:

- SegWit no es un aumento "real" del límite de tamaño de bloque, sólo comprime las transacciones (es cierto que, con SegWit, los clientes no actualizados siguen viendo sólo bloques de 1 MB, pero esto también ocurre con un *hardfork*, ya que los nodos antiguos imponen un límite de 1 MB. Con SegWit, los nodos actualizados sí ven bloques de más de 1 MB, que es presumiblemente lo que querían los *big blockers*);

- Bitcoin se basa en una cadena de firmas digitales, que SegWit elimina rompiendo así la cadena y creando un riesgo de seguridad;

- Si un minero no actualiza a SegWit y produce un bloque, este será rechazado por los clientes actualizados. Esto aumenta el riesgo de bifurcación de la cadena (esto solo debería ocurrir si un minero utiliza software personalizado diseñado deliberadamente para dividir la cadena);

- Si un usuario actualiza a SegWit, no podrá enviar fondos a un usuario que no haya actualizado;

- La actualización de SegWit podría ser revertida, y entonces las monedas dentro de los *output* SegWit podrían ser robados por cualquiera (revertir SegWit sería un *hardfork*).

Muchos de los malentendidos no tenían sentido y, por tanto, no era fácil rebatirlos. Parecían derivarse del hecho de que la mayoría de la gente no entendía realmente los fundamentos de las transacciones de bitcoin en primer lugar. Por ejemplo, a menudo se mencionaba la frase "dirección con formato SegWit", pero SegWit no tenía un formato de dirección nuevo o diferente. Si la gente no entendía la mecánica de las transacciones de bitcoin, explicar la mecánica de SegWit era simplemente imposible.

SegWit resultó ser tan complicado que ni siquiera Jeff Garzik parecía entenderlo. Pensaba que habría "dos categorías" para la puja de comisiones: una relacionada con el antiguo límite de 1 MB y otra con el nuevo límite de peso de 4 millones de unidades.[3] En realidad, los dos límites, tamaño y peso de bloque, se construyeron de forma que fueran coherentes entre sí y, por tanto, equivalentes, de modo que sólo habría una sola categoría en el mercado de comisiones. Esto no es una crítica a Jeff; SegWit era una propuesta extremadamente difícil de apreciar y comprender en su totalidad, lo que resultó ser una debilidad fundamental de la idea. Esto sólo sirve para ilustrar que, aunque técnicamente SegWit podría haber sido un camino sólido a seguir, simplemente no fue posible comunicarlo a la comunidad bitcoin debido a la complejidad que implicaba.

Había algunos argumentos válidos contra SegWit, aparte de su alto grado de complejidad. Para obtener las ventajas de SegWit y el aumento del espacio de bloques, las *wallets* de los usuarios tenían que actualizarse para soportar el nuevo formato de transacción. Esto podía llevar más tiempo que un aumento más simple mediante un *hardfork*, que no requería cambiar los formatos de transacción. No obstante, cabe señalar que a medida que algunos usuarios se actualizaran a SegWit, se liberaría espacio de bloques para los rezagados que tardaran más en hacerlo.

Para muchos de los *small blockers*, conseguir que los usuarios se actualizaran a un nuevo formato de transacción era parte del objetivo de SegWit. Además de proporcionar un aumento del límite de tamaño de bloque, el nuevo formato de transacción SegWit también solucionó una serie de errores, concretamente la maleabilidad de las transacciones por parte de terceros y el escalado no lineal de las operaciones *sighash*. No voy a entrar mucho en detalles aquí. Brevemente, la maleabilidad de transacciones por terceras partes es esencialmente un problema que surge porque cualquiera tiene la capacidad de cambiar el ID de transacción de una transacción bitcoin antes de que se confirme en la *blockchain*, y que la transacción siga siendo válida. Esto había causado problemas a algunas *wallets* y comerciantes en el pasado, que tenían problemas para rastrear los fondos. En esencia, se trata de un error. Corregir esto también era necesario para una red de transacciones de capa dos llamada *Lightning*.

El escalado no lineal de las operaciones *sighash* significa que, a medida que aumenta el número de *inputs* en una transacción, el número de operaciones *hash* necesarias para validar la transacción aumenta cuadráticamente en lugar de linealmente. Este problema de escalado era un impedimento para los bloques más grandes, ya que los atacantes podían crear transacciones que tardaban tanto en verificarse que la red podía paralizarse. De hecho, este problema fue una de las principales razones aducidas por los *small blockers* para oponerse al aumento del límite de tamaño de bloque, ya que un *hacker* malintencionado podía aprovecharse de este punto débil. Un atacante podría construir un bloque que contuviera muchas de estas grandes transacciones, de forma que una computadora normal tardaría muchas horas en validarlo. Por tanto, para muchos *small blockers*, solucionar este problema era un requisito previo para aumentar el límite del tamaño de los bloques. Se burlaban de los *big blockers* por su complacencia al pasar por alto este punto débil y por carecer de una mentalidad *adversarial*. Por el contrario, los *big blockers* parecían creer que bitcoin era casi indestructible o antifrágil, como a menudo decían. Los *small blockers* atribuían la robustez del sistema al trabajo duro y a la cautela del equipo de desarrollo, pero eso no era apreciado por la comunidad en la medida en que debería serlo. La mayoría de los *big blockers* creían que solucionar estos fallos no debía ser una prioridad; lo fundamental era el límite de tamaño de los bloques.

En cualquier caso, al utilizar SegWit, estos fallos se solucionaron. Desde el punto de vista de los *small blockers*, esto tenía mucho sentido. Con SegWit, podíamos mantener el antiguo límite de 1 MB para las viejas transacciones con fallos que no escalaban bien, y al mismo tiempo disponer de más espacio para las nuevas transacciones sin los fallos. Desde el punto de vista de la ingeniería, SegWit parecía fantástico. El problema, de nuevo, era la complejidad; la mayoría de los usuarios de bitcoin no tenían ni idea de estos problemas y no se preocupaban por ellos. Y bitcoin es algo más que ingeniería e informática. También es un sistema social, un sistema de pagos activamente en funcionamiento, un sistema económico y un sistema financiero. Que SegWit tuviera sentido visto desde estos ángulos estaba menos claro.

Aunque la idea de SegWit se presentó en la conferencia de diciembre de 2015 en Hong Kong, aún había que implementarla, analizarla, probarla y debatirla. No fue hasta noviembre de 2016 cuando SegWit se publicó finalmente en Bitcoin Core, lo que supuso una larga espera de más de 10 meses. Aunque se liberó en Bitcoin Core, esto no significaba que la gente pudiera empezar a usar SegWit. Se trataba de un cambio en las reglas del protocolo, o más exactamente, un endurecimiento de las reglas del protocolo o un *softfork*. Esto significaba que había una metodología de activación. La mecánica de activación elegida fue que los mineros tenían que indicar su apoyo. Si el 95% de los bloques señalaban apoyo en una ventana de ajuste de dificultad de 2.016 bloques, se activaba el *softfork*, tras otro periodo de gracia de dos semanas. Si, transcurridos 12 meses, no se había producido la activación, se abortaría la actualización.

Para los *big blockers*, esta metodología de activación era inadecuada. Nunca se llega a un acuerdo del 95% sobre nada, argumentaban. Esto permitiría a cualquier pequeña coalición de mineros, con sólo el 5% del *hashrate*, bloquear el cambio. Algunos *big blockers* vieron este umbral de activación del 95% como una táctica dilatoria y prefirieron el umbral del 75% de Bitcoin XT. Los *big blockers* tendían a ver las *flags* de los mineros como una votación, un proceso de toma de decisiones. En este contexto, el 95% no parecía tener mucho sentido. Por otro lado, los *small blockers* veían las *flags* como un mecanismo de señalización o una medida de seguridad. En su opinión, los usuarios decidían las normas del protocolo y la señalización de los mineros era necesaria para garantizar una transición segura a las nuevas normas. No lo consideraban un proceso de votación política.

Además, el 95% no fue elegido de la nada. Los tres últimos *softforks* de bitcoin se habían activado utilizando este mismo umbral del 95%: BIP 66 (restricción de las firmas a la codificación DER) en julio de 2015; BIP 65 (Check Lock Time Verify) en diciembre de 2015; y BIP 68, BIP 112 y BIP 113, tres *softforks* diferentes que se activaron al mismo tiempo en julio de 2016. SegWit acababa de optar por continuar con la misma metodología de activación (o ligeramente modificada). Cabe señalar que estos *softforks* anteriores no habían progresado a la perfección. La activación del BIP 66 en julio de 2015 provocó una ruptura de la cadena durante unos cuantos bloques, ya que los mineros parecían no haber actualizado su cliente para el *softfork*, a pesar de indicar que lo habían hecho. La actualización de julio de 2016 también se demoró más de lo esperado y la comunidad tuvo que presionar a los grupos de minería para que la apoyaran. Los pools de minería del bando *big blocker* tardaron más en actualizar para este *softfork* que nada tenía que ver con el de SegWit, quizás debido a cierto grado de desilusión con Bitcoin Core.

Dada la historia anterior y la nueva tensión en la comunidad, cuando se publicó SegWit había una gran incertidumbre sobre si los mineros activarían SegWit o no. De hecho, uno de los pools de minería, ViaBTC, ya había indicado que no apoyaría la actualización incluso antes de que se lanzara el cliente.[4] Aunque SegWit era un prodigio de ingeniería, hizo poco por calmar las tensiones en el conflicto.

NOTAS

1. Casandra es una profetisa de la mitología griega que fue bendecida con la clarividencia, pero maldecida para que nunca se le creyera (N. del T.).

2. https://twitter.com/gavinandresen/status/800405563909750784

3. https://www.slideshare.net/jgarzik/bitcoin-status-report-onchain-scaling-aug-2016

4. https://bitcoinmagazine.com/technical/segregated-witness-officially-introduced-with-release-of-bitcoin-core-1477611260

2. 3. 4.

CAPÍTULO 6

LIGHTNING NETWORK

SegWit ofrecía a los usuarios la opción de crear transacciones que no pudieran ser alteradas por terceros malintencionados (maleabilidad de transacciones por terceras partes). Esto se consideró un componente crítico para algo llamado la red Lightning, una tecnología de escalado de capa dos para bitcoin. Sin esta solución, Lightning habría sido demasiado complicada de implementar.

La red Lightning se publicó por primera vez en un artículo de Joseph Poon y Thaddeus Dryja en febrero de 2015. Unos meses más tarde, Christian Decker publicó un artículo similar en el que se describían estas soluciones de capa dos.[1] Los documentos describían la mecánica de una red de pagos de capa dos basada en bitcoin. Conceptos similares se habían discutido en el espacio bitcoin durante años. De hecho, la idea parece provenir de Satoshi.[2] Lightning funciona esencialmente agregando múltiples pagos en un número menor de transacciones bitcoin. Las transacciones bitcoin se utilizan para abrir canales de pago que, una vez establecidos, facilitan un flujo de pagos múltiples. Las entidades pueden tener canales con muchas contrapartes diferentes, formando una red de canales. Los pagos pueden entonces encontrar un camino a lo largo de los canales, que ya están directamente conectados entre sí, hasta llegar al destinatario final.

Para algunos de los *small blockers*, esta arquitectura de capa dos tenía mucho más sentido para un sistema de pagos global de alta capacidad y barato. Los sistemas de pago *on-chain* basados en *blockchain* suelen funcionar en modo "*broadcast to everyone*", en el sentido de que cuando uno realiza un pago, necesita difundir la transacción a todos los participantes de la red. A continuación, todos los participantes deben procesar esta transacción para ver si se trata de un pago para ellos. Este sistema se considera muy ineficaz, sobre todo para pagos pequeños. Si alguien compra un café en Francia utilizando bitcoin, ¿por qué debería un comerciante que vende entradas de conciertos en Japón tener que examinar esa transacción? Así es como funcionaban esencialmente los pagos *on-chain* de bitcoin y, para los *small blockers*, la arquitectura tenía poco sentido para los pequeños pagos; sólo era necesaria como capa base de un sistema monetario. La red Lightning representa una mejora en la eficiencia y utiliza una estructura de red de pagos más lógica. En lugar de transmitir una transacción a todo el mundo, la transacción puede enviarse de forma más directa al receptor del pago, más parecido a una arquitectura *peer-to-peer* o entre pares. Si una de las partes de la transacción es deshonesta e intenta robar dinero, la otra parte puede transmitir una transacción a la *blockchain* de bitcoin y reclamar los fondos. La cadena de bloques, y el mecanismo de consenso de prueba de trabajo de bitcoin, se utiliza por tanto como un servicio de resolución de disputas. Cuando ambas partes son honestas, pueden evitarse los matices, ineficiencias y limitaciones de escalabilidad del proceso de prueba de trabajo.

La principal preocupación de los *big blockers* era que Lightning les parecía que se utilizaba como excusa o motivo para no aumentar el límite de tamaño de los bloques. Para ellos, esto era muy inapropiado. La cuestión del tamaño de los bloques era un problema ahora, mientras que la red Lightning era muy compleja, no estaba probada y, en el mejor de los casos, tardaría muchos años en ser utilizable. Para los *big blockers*, bitcoin era todo cuestión de adopción por parte de los comerciantes y 2015 había sido un periodo de enorme éxito. En 2015, Expedia, Overstock, TigerDirect, Newegg, Dell, Rakuten y Microsoft habían empezado a permitir a los clientes pagar con bitcoin de una forma u otra. En abril de 2016, la tienda de videojuegos Steam empezó a aceptar pagos con bitcoin. Estos comerciantes no utilizaban la red Lightning, sino transacciones *on-chain*. Si bitcoin siguiera el camino de la red Lightning, la solución de pago que estos comerciantes habían elegido dejaría de ser fiable debido a las altas tarifas y los largos tiempos de confirmación. Esto sería un desastre para la red y los comerciantes probablemente dejarían de aceptar bitcoin y nunca volverían debido a la mala experiencia. Aunque la red Lightning tenía una arquitectura técnicamente superior, esto no importaría. Finalmente, muchos de estos comerciantes dejaron de aceptar bitcoin y se demostró que los *big blockers* tenían razón. Me viene a la mente la frase "no dejes que lo perfecto sea enemigo de lo bueno". No aumentar el tamaño del bloque fue claramente una mala decisión empresarial. Perder a estos comerciantes fue una gran frustración para los *big blockers*.

Sin embargo, para los *small blockers*, bitcoin no era un negocio, ni un sistema de pagos que compitiera con VISA, Paypal y Mastercard. Era una nueva forma de dinero, algo mucho más ambicioso y potencialmente mucho más transformador para la sociedad y la economía. Se enfrentaba a los bancos centrales. En general, los *small blockers* no tenían nada en contra de que bitcoin se convirtiera en un sistema de pagos rápido y barato, sólo que quedaba en segundo lugar detrás de su prioridad principal, que era una forma de dinero nueva y sólida.

No se trataba sólo de una diferencia de opinión: para los *small blockers*, su prioridad era un movimiento estratégico inteligente, mientras que para los *big blockers* era una ingenuidad. Los pagos con bitcoin eran rápidos y baratos en comparación con otras formas de pago centralizadas como las tarjetas de crédito y las transferencias bancarias. Sin embargo, si bitcoin gana tracción, estos servicios de pago pueden simplemente bajar las comisiones y acelerar los tiempos de transacción. De hecho, desde el punto de vista de la arquitectura de sistemas, nada lo impide: las redes de pago centralizadas son más eficientes. Los sistemas informáticos centralizados son mucho más capaces de procesar más transacciones, más rápido y a menor costo, que bitcoin o cualquier sistema descentralizado. La razón por la que estos sistemas de pago centralizados no lo han hecho es la falta de competencia y algunos problemas legales relacionados con la administración, que podrían superarse. No se trataba de un defecto fundamental en la tecnología de bases de datos centralizadas. Si bitcoin se centrara en ser una red de pagos de bajo costo, lo que todo el mundo reconocía como algo bueno, entonces seguro que podría ganar cuota de mercado a corto plazo; sin embargo, su ventaja resultaría insostenible a largo plazo. Por el contrario, convertirse en una nueva forma de dinero, capaz de realizar transacciones electrónicas imbloqueables, era algo con lo que el *establishment* financiero tradicional sería incapaz de competir. Por lo tanto, podría ser el motor del valor sostenible a largo plazo. Una vez más, todo parecía reducirse al mismo desacuerdo sobre las preferencias temporales.

Para los *small blockers*, la cuestión no era, por tanto, elegir entre una red de pagos y un sistema monetario sólido, prefiriendo los *big blockers*, lo primero y los *small blockers*, lo segundo. Era que la idea de una red de pagos rápida y barata no daría lugar a un modelo con una ventaja competitiva sostenible. La tecnología *blockchain* simplemente no tenía las características que la hacían adecuada para ello, no escalaba. La única forma de tener efectivamente ambas cosas, argumentaban, era con una solución de capa dos como Lightning.

Dado que la red Lightning es muy compleja, esto llevó a la confusión, al igual que ocurrió con SegWit. Hubo falsas afirmaciones de que las monedas retenidas dentro de los canales Lightning estaban sujetas a riesgo de insolvencia y afirmaciones de que Lightning, de alguna manera, haría que la expansión del crédito en bitcoin fuera más problemática. El alto grado de complejidad de

Lightning era ciertamente un problema, y había cuestiones y preocupaciones válidas. Estaba la cuestión de cómo garantizar que los canales tuvieran suficiente liquidez para facilitar los pagos. En Lightning existen comisiones por transacción que los usuarios deben pagar para incentivar la provisión de liquidez, y no está claro si existe una dinámica que permita convertirla en una red de pagos barata y de confianza. La red Lightning también presentaba otros problemas en comparación con los pagos bitcoin *on-chain*, por ejemplo, requería que el receptor de la transacción estuviera en línea e interactuara con el remitente, algo que no exigían las transacciones de bitcoin *on-chain*. Lightning también requiere que los usuarios controlen y gestionen sus canales, para asegurarse de que tienen suficiente liquidez y evitar robos en sus canales. Para los *small blockers*, estos eran problemas reales. Sin embargo, a largo plazo, estos problemas acabarían ocultándose al usuario y los servicios de terceros o las *wallets* inteligentes ofrecerían una solución mediante mecanismos automatizados. Una vez más, es cuestión de tiempo; estos sistemas podrían tardar muchos años en desarrollarse y madurar.

Los *big blockers* podían afirmar, con cierta legitimidad, que los *small blockers* eran unos nerds de la informática muy inteligentes, inclinados hacia soluciones complejas, técnicamente elegantes, pero poco prácticas. Se decía que los *small blockers* carecían de perspicacia empresarial y no podían ver que era necesaria una solución más sencilla para estos problemas. En lo que respecta a la red Lightning, este es uno de los ámbitos en los que, hasta la fecha, los *big blockers* han demostrado estar mayoritariamente en lo cierto. Al escribir estas líneas, aunque la red Lightning está ganando adeptos y la tecnología está mejorando rápidamente, la adopción de la misma por parte de los comerciantes es limitada. La adopción de bitcoin por parte de los comerciantes a finales de 2015 parece haber sido más significativa que la adopción de la red Lightning en la actualidad. Sin embargo, sigo siendo optimista y, si se piensa con décadas de antelación, el éxito sigue siendo una posibilidad.

NOTAS

1. https://link.springer.com/chapter/10.1007/978-3-319-21741-3_1
2. https://lists.linuxfoundation.org/pipermail/bitcoin-dev/2013-April/002417.html

1.

2.

CAPÍTULO 7

BITCOIN CLASSIC

Hacia finales de 2015, la guerra se estaba intensificando considerablemente. Incluso se produjeron oleadas de ataques de denegación de servicio distribuido (DDoS) contra nodos de Bitcoin XT. El 28 de diciembre de 2015, el usuario de Reddit /u/tl212 comentó:

> *Fui víctima de un DDoS. Fue un DDoS masivo que derribó todo mi ISP[1] (rural). Todo el mundo en cinco ciudades perdió su servidor de Internet durante varias horas a causa de estos criminales. Definitivamente me disuadió de hostear nodos.*[2]

Esta acción pareció bastante agresiva e injustificable. Llama la atención que se informara de ataques tan fuertes que hicieron caer un ISP entero. Los ataques sí parecían tener un impacto material perjudicial en la red Bitcoin XT y, por lo tanto, hasta cierto punto, se podría argumentar que estaban funcionando. No tengo constancia de ningún *small blocker* con identidad conocida que apoyara un comportamiento tan poco ético, aunque algunos *small blockers* anónimos parecieron defender la acción en BitcoinTalk, refiriéndose a ella como un "contraataque". Sin embargo, lo único que el ataque sacó a la luz fue la importancia de una red P2P grande, distribuida y robusta, algo que Bitcoin XT no había desarrollado en ese momento. Nunca se supo quién estaba detrás de estos ataques, aunque varios meses después circularon rumores sobre un operador de *botnet* al que se pagaba anónimamente en bitcoin para lanzarlos. El comportamiento de los atacantes fue considerado poco ético incluso por los *small blockers*, muchos de los cuales lo consideraron potencialmente contraproducente, alejando a la gente de su lado del argumento. En mi opinión, se trata de un raro ejemplo de error táctico por parte de los partidarios de los bloques pequeños, suponiendo, por supuesto, que se tratara de un *small blocker* y no de una operación de bandera falsa. En esta guerra se trataba de persuadir a la gente para que se uniera al bando elegido, y una acción tan agresiva no era productiva. Que yo sepa, esta forma de ataque no volvió a destacar en la guerra del tamaño de bloque.

El 3 de enero de 2016, Brian Armstrong, el CEO de Coinbase (uno de los mayores *exchanges* en el espacio y la empresa con el respaldo de más impresionante de fondos de capital riesgo), publicó un blog en apoyo de bloques más grandes. Brian también apoyaba a Gavin y tenía opiniones controversiales sobre cómo actualizar bitcoin.

> *Por suerte, bitcoin tiene un mecanismo de actualización integrado con un diseño elegante. Si la mayoría de los mineros de bitcoin "votan" a favor de una actualización concreta, esta es, por definición, la nueva versión de bitcoin. El número de votos que obtiene cada minero es proporcional a la cantidad de potencia computacional que añade a la red (por lo que los votos no pueden falsificarse).*[3]

La idea de que bitcoin se definía como cualquier cadena que tuviera la mayor potencia de *hashing* detrás no parecía tener mucho sentido para los *small blockers*. Para ellos, los nodos de bitcoin imponían ciertas reglas; un bloque tenía que cumplirlas o sería ignorado. Para los *small blockers*, esta era una parte crítica del funcionamiento de bitcoin. Si los mineros simplemente intentaban cambiar las reglas de esa manera, se produciría una división en la cadena y daría lugar a una nueva moneda. La moneda que siguiera las reglas originales continuaría siendo bitcoin.

Los *small blockers* tendían a considerar que los nodos de validación completa eran importantes para hacer cumplir las normas del protocolo, mientras que para los *big blockers* esto no era así en absoluto. Para estos últimos, la mayoría de los usuarios no utilizaban nodos de validación completa, sino nodos ligeros. Sin embargo, incluso bajo esta visión, donde los usuarios no tenían nodos completos, seguían teniendo *wallets*. Todos los monederos de los usuarios, aunque no apliquen todas las reglas del protocolo, siguen aplicando algunas de las reglas. Bitcoin tenía todo tipo de reglas y convenciones, no sólo el tamaño de bloque. Por ejemplo, formatos de transacción, firmas que autorizan los gastos, una estructura de árbol de Merkle, un formato de cabecera de bloque, etc, etc. Seguramente Brian y los *big blockers* no estaban argumentando que cualquier cosa con más poder computacional detrás, incluso sólo una cadena de *hashes* sin ningún otro dato relacionado con transacciones, ¿podría definirse como bitcoin? Incluso desde el punto de vista *big blocker*, donde la gente sólo manejaba nodos ligeros, los bloques debían cumplir algunas reglas.

Quizá una interpretación más favorable del razonamiento de Brian sea que los mineros eran libres de hacer lo que quisieran dentro del protocolo, salvo las normas que les imponían las *wallets* ligeras. En ese contexto, esta narrativa de bloques más grandes tiene más sentido. Esto podría haber excluido el límite de tamaño de bloque de las reglas, sin embargo, diferentes *light wallets* aplican diferentes subconjuntos de las reglas. Por lo tanto, habría habido una zona gris al trazar la línea entre lo que los mineros pueden controlar y lo que no. Los *small blockers* no estaban de acuerdo. Exigían una gran claridad con respecto a lo que era una regla de la red y lo que no, para garantizar que siempre hubiera pocas dudas sobre cuál era la *blockchain* válida más larga.

Con frecuencia intenté explorar este tema con algunos de los *big blockers*. Les hice preguntas como: ¿qué pasaría si los mineros crearan una nueva inflación por encima del límite de oferta de 21 millones y se dieran estas monedas a sí mismos; si esa cadena tuviera más trabajo, sería bitcoin? Normalmente, respondían diciendo algo como: "Los mineros nunca harían eso"; o "Bitcoin se basa en la teoría de juegos e incentivos, si los mineros hicieran eso el precio caería"; o "la teoría de juegos está estructurada de tal manera que los mineros no harían eso". Si los mineros hicieran eso, todos los nodos y *wallets* considerarían esa cadena como inválida, proclamé. Si los mineros sobrepasaran el límite de oferta, no se verían esos bloques. Los *big blockers* solían responder a esto afirmando que "los nodos no importan"; para ellos bitcoin se define en la cadena de más trabajo, tanto si sus nodos la seguían como si no. Si un usuario quisiera formar parte de bitcoin, necesitaría descargar e instalar un nuevo software de nodo para asegurarse de que seguía la cadena de más trabajo, independientemente de si infringía algunas reglas o no.

Para mí no estaba claro quién tenía razón aquí. Dependía de cómo se comportara la gente. Si todos se comportaban como los *big blockers* y descargaban nuevos clientes para seguir la cadena más larga, entonces sí, tenían razón. Sin embargo, si todo el mundo se comportaba como los *small blockers* y conservaba obstinadamente su cliente original, entonces los *small blockers* tenían razón. Se trataba de una cuestión abierta y nadie podía estar seguro al 100% de la respuesta correcta. Los extremistas de ambos bandos parecían convencidos de que tenían razón, pero ambos eran cerrados de mente. Ambos bandos habían construido un modelo mental que suponía que la gente se comportaría igual que ellos. La realidad, por supuesto, era que personas diferentes tenían ideas y visiones diferentes y, por tanto, se comportarían de forma diferente. La visión *big blocker* parecía depender de que casi todo el mundo estuviera de acuerdo con ellos, mientras que la visión *small blocker* parecía requerir que cualquier minoría significativa estuviera de acuerdo con ellos. Desde esta perspectiva, me pareció que los *small blockers* estaban mayoritariamente en lo cierto. Algunas personas actualizarían sus clientes y otras no, por lo que podríamos tener una división de la red.

Esta diferente visión con respecto al papel de los nodos completos a la hora de hacer cumplir las normas llevó a una mayor confusión. Los *small blockers* solían oponerse a un aumento del límite de tamaño de los bloques, ya que elevaría demasiado el costo de funcionamiento de un nodo, lo que podría reducir el número de nodos completos y provocar la centralización. Los *big blockers* interpretaron erróneamente que al otro bando le preocupaba que no hubiera suficientes nodos de retransmisión y, por tanto, que la red de comunicación "*peer to peer*", por la que se propagan los datos de las transacciones, fuera demasiado débil. En consecuencia, la comunicación se centralizaría en torno a unos pocos nodos grandes. En general, este no era el tipo de centralización que preocupaba a los *small blockers*. Les preocupaba más la idea de que no hubiera suficientes usuarios finales capaces de ejecutar clientes del software de bitcoin que validaran completamente todas las reglas del protocolo, lo que podría socavar la descentralización de la aplicación de las reglas del protocolo. Los *big blockers* nunca parecieron entender esta preocupación y creían que no era necesario que los usuarios finales tuvieran la capacidad de ejecutar estos clientes de nodo completo. El riesgo de que los bloques más grandes hicieran prohibitivo el uso de nodos completos no les preocupaba. Estas visiones diferentes significaban esencialmente que ambas partes hablaban entre sí, en lugar de comprender el punto de vista de los demás.

Esta confusión se mezclaba frecuentemente con otra idea errónea sobre el funcionamiento de bitcoin. En concreto, la idea popular de que un ataque minero del 51% podría robar los fondos de los usuarios, incluso sin una firma válida proporcionada por el gastador. Los mineros no pueden hacer eso, al menos en el mundo de los bloques pequeños; todo lo que los mineros pueden hacer en un ataque del 51% es gastar dos veces transacciones en las que tienen una firma válida para dos transacciones en conflicto. Esto no quiere decir que todos los *big blockers* no entendieran esto; lo hicieron hasta cierto punto. Lo que ocurre es que se trataba de un nuevo campo de la ciencia que se exploraba por primera vez. Había una incertidumbre considerable por ambas partes en este asunto, y lleva tiempo llegar a comprenderlo. La falta de claridad en este ámbito redujo la capacidad de los *big blockers* para alcanzar sus objetivos. Si estos se hubieran centrado más sucintamente en eliminar el límite de tamaño de los bloques de las normas del protocolo, en lugar de crear confusión sobre si tales normas existían siquiera, podrían haber tenido más éxito.

La opinión de Brian, de que el *hashrate* definía la cadena, parecía reforzada por la última frase del *white paper* de bitcoin, que decía lo siguiente:

> *Votan con la potencia de su CPU, expresando su aceptación de los bloques válidos trabajando en su ampliación y rechazando los bloques no válidos negándose a trabajar sobre ellos. Este mecanismo de consenso permite aplicar las normas e incentivos necesarios.*

Esta cita fue difundida y repetida a menudo por los *big blockers*. Sin embargo, no está claro que Satoshi compartiera esta visión en absoluto. De hecho, en el *white paper* también se afirma:

> *Consideremos el escenario de un atacante que intenta generar una cadena alternativa más rápidamente que la cadena honesta. Incluso si esto se consigue, no deja el sistema abierto a cambios arbitrarios, como crear valor de la nada o tomar dinero que nunca perteneció al atacante. Los nodos no van a aceptar una transacción inválida como pago, y los nodos honestos nunca aceptarán un bloque que los contenga. Un atacante sólo puede intentar cambiar una de sus propias transacciones para recuperar el dinero que ha gastado recientemente.*[4]

Aquí, Satoshi deja claro que los nodos aplican ciertas reglas. Es importante juzgar el *whitepaper* en su contexto: se trataba principalmente de una solución potencial al problema del doble gasto. Que los usuarios ejecutaran los nodos para hacer cumplir las reglas no era la innovación clave del sistema; sí lo era la minería basada en la prueba de trabajo. Los mineros decidían el orden de las transacciones. Es en este contexto, argumentan los *small blockers*, en el que hay que evaluar la última línea del *white paper*. Sin embargo, esas dos citas del mismo parecen algo contradictorias.

Para muchos, parecía como si hubiera visiones fundamentalmente diferentes sobre cómo funcionaba bitcoin. Sin embargo, este problema potencial no tenía por qué causar directamente problemas en esta guerra de tamaño de bloque. Por encima de todo, lo que los *big blockers* realmente querían eran bloques más grandes. Querían dar rienda suelta a los mineros con respecto al tamaño de los bloques, ya fuera bajo un sistema similar al BIP 100 en el que los mineros votaban el límite, o eliminando por completo el límite de tamaño de bloque de las reglas del protocolo bitcoin. En su lugar, hubo confusión en el espacio en torno a esta cuestión, con *big blockers* a menudo afirmando que la mayoría del *hashrate* era capaz de hacer casi cualquier cosa, sin dar ningún tipo de explicación. Esta falta de enfoque y claridad perjudicó enormemente a los *big blockers*. Les resultaba mucho más difícil reclutar usuarios para su bando. El argumento de que en el caso de que la mayoría de los mineros apoyaran un aumento del límite de bloque del *hardfork*, los usuarios instalarían un nuevo cliente de mayor tamaño de bloque, porque aumentaba el límite de bloque, tenía mucho sentido para mí; los *big blockers* tenían razón en esto. Sin embargo, el argumento de que cualquiera descargaría e instalaría un nuevo cliente para seguir una cadena más larga que robaba monedas a algunos usuarios y se las daba a los mineros tenía poco sentido. Si eso ocurriera realmente, tenía un alto grado de confianza en que los *big blockers* abandonarían rápidamente su afirmación de que no había reglas en la red. Por lo tanto, quizá la aparente diferencia de visión no era tan profunda como parecía. Los *big blockers* sólo querían bloques más grandes. Hicieron este argumento de que la cadena con más trabajo definía bitcoin ya que pensaban que ayudaba a su causa.

En su blogpost, Brian continuó expresando el continuo apoyo de Coinbase a Bitcoin XT:

> *Creo que BitcoinXT es una de varias buenas propuestas con las que estaríamos contentos, pero la gente no debería interpretar algo más allá de eso (estamos ejecutando una variedad de tipos de nodos en producción incluyendo Bitcoin Core, XT, un nodo personalizado que creamos y que funciona a nuestra escala, y probablemente añadiremos otros en el futuro como BitcoinUnlimited).*

Antes de este blog y esta explicación, Brian había publicado tweets (ahora borrados) expresando su apoyo a Bitcoin XT. Casi inmediatamente después, Coinbase fue eliminada como *wallet* recomendada en la web Bitcoin.org. Este sitio web era una de las principales fuentes de información sobre bitcoin y fue creado originalmente por Satoshi.[5] Esta acción agresiva fue muy similar a la política de moderación en el subreddit de bitcoin. Enfureció a los *big blockers*, que creían que era mezquino, infantil y divisivo. Por otro lado, los *small blockers* proclamaron que Coinbase había anunciado su intención de cambiar bitcoin por una *altcoin*. Por lo tanto, creían que ya no debería aparecer en un sitio web de bitcoin, lo que causaría confusión. Al igual que la censura de Reddit, este acto sólo pareció reforzar la determinación de los *big blockers* y dividir aún más a la comunidad.

A finales de diciembre, muchos parecían sorprendidos por el apoyo continuado que Brian prestaba a Bitcoin XT, ya que la idea parecía casi muerta en ese momento, con la mayoría de los pools de minería afirmando que el aumento a 8 MB era demasiado grande. En la misma entrada de blog, Brian incluyó una captura de pantalla de una hoja de cálculo Excel de mineros, mostrando sus preferencias con respecto al tamaño del bloque. La captura de pantalla indicaba que los tres principales grupos de minería se oponían a Bitcoin XT. Las opiniones al respecto habían cambiado en los seis meses transcurridos desde que los mineros acordaron 8 MB. Un simple y más conservador aumento a 2 MB estaba ahora en la agenda y parecía estar ganando impulso.

El 14 de enero de 2016 se produjo otro momento trascendental en la guerra del tamaño de bloque. Mike Hearn, el principal defensor de Bitcoin XT, estaba tan frustrado por la falta de progreso en la cuestión del tamaño de bloque que declaró que bitcoin era un experimento fallido y anunció que vendía todas sus monedas.[6] Mike opinó:

> *La guerra civil resultante ha hecho que Coinbase -la mayor y más conocida startup de bitcoin en EE.UU.- haya sido borrada de la web oficial de bitcoin por elegir el bando "equivocado" y expulsada de los foros de la comunidad. Cuando una parte de la comunidad se vuelve en contra de las personas que han introducido a millones de usuarios a bitcoin, sabes que las cosas se han vuelto realmente locas.*

La aparente salida llena de rabia de Mike Hearn apareció en muchos medios de comunicación y parecía haber causado un colapso del 10% en el precio de bitcoin, de 432 dólares a alrededor de 388 dólares.

Un par de días después del anuncio de Mike, el 16 de enero de 2016, Jihan Wu tuiteó lo siguiente:

El perdedor de Mike Hearn expresó muchas opiniones racistas e injustas contra los bitcoiners chinos. Lo que explica por qué no pudo conseguir suficiente apoyo.[7]

Jihan fue uno de los actores más influyentes y significativos de la industria minera. Era codirector ejecutivo y cofundador de Bitmain, una empresa china que producía máquinas de minería, tenía sus propias granjas de minería y gestionaba pools de minería. Jihan estaba claramente enfadado por el abandono furibundo de Mike, sin embargo la crítica es algo irónica ya que Jihan pronto se establecería como el jugador líder en el campo de los *big blockers*. En cuanto a la afirmación de Jihan sobre el racismo de Mike, me pareció extraña, ya que en todas mis interacciones con Mike no se había manifestado en absoluto. Por otra parte, algunos *big blockers* me habían hecho algunos comentarios antichinos de forma directa. Por ejemplo, achacaron la falta de apoyo a XT a la lealtad de los chinos al statu quo opresor y establecieron paralelismos con el apoyo generalizado al partido comunista en China. En mi opinión, esta explicación de la falta de apoyo a XT era ridícula e indignante, y se deriva del sesgo de confirmación, que era endémico en el espacio. Es posible que Mike haya expresado este tipo de opinión, pero poco probable. Al día siguiente, Mike indicó en un mensaje del foro que había mantenido acaloradas conversaciones telefónicas con mineros chinos. Es probable que estas llamadas no fueran bien, y esto puede haber sido lo que provocó las acusaciones de racismo. El post también explica por qué se eligió originalmente el límite de 8 MB para Bitcoin XT; el ocho es un número de la suerte en China.

¿Por qué ocho? Porque es un homónimo chino de "prosperidad" o "riqueza":

Aparece constantemente en la comunidad bitcoin china. Así que esta elección obviamente no se basó en ningún tipo de análisis científico. Hacer que las constantes del protocolo bitcoin se decidieran por rimas habría sido obviamente una vergüenza, pero no obstante, nos comprometimos y lo hicimos.

Después de que Core rechazara el ahora modificado BIP 101, Gavin y yo lanzamos XT juntos. En ese momento, los mineros cambiaron de opinión. Anunciaron que nunca ejecutarían nada que no fuera Core, punto, fin de la historia. Este "requisito" no se había especificado antes. Tanto al hablar con ellos personalmente

> *(he mantenido varias llamadas telefónicas con mineros de todo el mundo, incluidos mineros de China) como en sus declaraciones públicas, dejaron claro que su lealtad a Core era absoluta y que, independientemente de los cambios que hiciéramos en XT, nunca lo utilizarían. Por tanto, comprometerse más era inútil.*[8]

En este punto, cuando se había puesto el último clavo en el ataúd de XT, los *big blockers* necesitaban una nueva causa en torno a la que unirse. El siguiente intento de bloques más grandes se llamó Bitcoin Classic.[9] Se trataba de un simple salto puntual a un límite de 2 MB, una propuesta mucho más moderada y razonable que los 8 MB que se incluyeron en Bitcoin XT. Esta vez, Gavin sería el desarrollador principal, en lugar de Mike. Jeff Garzik ahora también apoyaba la propuesta y aparecía en el sitio web de Classic como desarrollador. Classic parecía tener más posibilidades de éxito que XT, con su enfoque mucho más moderado en cuanto al tamaño del bloque.

Casi todos los mineros y los principales actores del sector parecían estar de acuerdo con un salto puntual a 2 MB. Por otro lado, se había sentado un precedente, acababa de fracasar una campaña para eliminar una norma de consenso de bitcoin y ahora los *big blockers* volvían a intentar lo mismo. Esto parecía dar algo de esperanza a los *small blockers*. El minero Jonathan Toomim había argumentado en la conferencia de escalado de bitcoin en Hong Kong que 2 MB era un límite seguro, y era un defensor de Bitcoin Classic. Los *small blockers* apodaron a la moneda "ToomimCoin",[10] quizás como parte de un intento de asociar Classic con Jonathan Toomim, de la misma manera que Bitcoin XT había sido vinculado a Mike. Bitcoin Classic se lanzó oficialmente el 10 de febrero de 2016.[11]

La metodología de activación de Bitcoin Classic era casi idéntica a la de Bitcoin XT, sin mejoras. Tampoco se hizo ningún esfuerzo por obtener un consenso generalizado antes de fomentar que los usuarios ejecutaran el cliente. De hecho, los *big blockers* no querían hacerlo. Los *big blockers* no sólo querían bloques más grandes, sino que también parecían despreciar la metodología de activación defendida por los *small blockers*. Esto se debía a la falta de confianza, así como al enfado por la censura y otros comportamientos agresivos percibidos por parte del bando contrario. Bitcoin Classic, por lo tanto, mantuvo el umbral de activación de mineros del 75% que Bitcoin XT ha utilizado. Esto me pareció un error táctico. Si hubieran elegido una metodología de activación más moderada, con mejores características de seguridad, habría sido una oportunidad para que los *big blockers* dividieran al bando de los *small blockers* y emergieran potencialmente como vencedores en este conflicto.

En general, los *small blockers* se opusieron al umbral del 75% por varias razones. El indicador o *flag* en el encabezado del bloque se consideraba un mecanismo de señalización de seguridad, que indicaba que todo el mundo estaba listo para la actualización. En su opinión, la actualización en sí no debe ser objeto de controversia ni de votación. En abril de 2012, el *softfork* P2SH se activó con un umbral del 55%. Sin embargo, después de que se produjera esta actualización, el 45% de los mineros que no habían actualizado su cliente produjeron bloques no válidos durante varios meses después de la activación. Esto se consideró un problema y, por lo tanto, se seleccionó un nuevo umbral del 95%, que se ha utilizado desde entonces. Para los *big blockers*, el *flagging* de mineros era una votación o un proceso de toma de decisiones. En un escenario así, el 75% parecía una gran mayoría, mientras que el 95% parecía un objetivo poco realista. Además, los *big blockers* pensaban que el 75% era suficiente *hashrate* para construir una cadena más larga. En su opinión, el 51% era suficiente para controlar la red y el 75% representaba una reserva innecesariamente grande.

No creo que el bando *small blocker* se opusiera a los votos de los mineros para conocer su opinión. Sin embargo, hay una distinción entre medir la opinión de los mineros y las *flags* en el encabezado del bloque, que activan cambios en las reglas de consenso. Los *small blockers* consideraban estas *flags* como una parte crítica de la seguridad de la red y combinar su activación con la votación de los mineros sobre las propuestas era peligroso e inapropiado.

De lo que no se dieron cuenta los *big blockers* en este punto del conflicto fue de que la metodología de activación elegida estaba obstaculizando significativamente sus propias posibilidades. Era casi como ir a un combate y atarse la mano a la espalda. Recordemos que el bando *big blocker* intentaba aumentar el límite de tamaño de los bloques: la norma imperante era que los bloques debían ser de 1 MB o menos, y ellos querían que fueran de 2 MB o menos. Así, la regla de bloque más pequeño es un subconjunto de la regla de bloque más grande, y esto creaba asimetría. Si se activaba el *hardfork* y la red se dividía, los nodos de bloques más grandes considerarían válida la cadena de bloques más pequeños, mientras que los nodos de bloques más pequeños considerarían inválida la cadena de bloques más grandes. En caso de una división contenciosa, esta asimetría creaba una ventaja para los *small blockers*. Lo que esto significa es que, si la cadena de bloques más pequeños tomara alguna vez la delantera en la prueba de trabajo, la cadena de bloques más grandes podría desaparecer de la existencia, lo que se conoce como un *"wipeout"* o borrado. Puede que esto no parezca una gran amenaza, especialmente si la cadena de bloques más grandes tiene una supermayoría de mineros, pero hay que considerar la situación desde el punto de la división. Si, por casualidad, cuando se produce el primer bloque de más de 1 MB, la cadena de bloques más pequeños toma la delantera, la cadena de bloques más grandes podría desaparecer rápidamente. Esto podría tener un efecto devastador para la cadena de bloques más grandes, ya que los mineros podrían temer volver a producir un bloque mayor.

Cuando se considera esto desde la perspectiva de los mercados financieros, la asimetría de la situación se vuelve potencialmente aún más significativa. Creó la oportunidad de que los especuladores financieros apostaran por la moneda del bando de bloque más pequeño y «se pusieran en corto»[12] la moneda del bando de bloque más grande. Esto tendría el efecto de hacer bajar el precio de la moneda *big blockers* y subir el de la moneda *small blocker*, lo que incentivaría a los mineros a pasarse a la cadena de bloques más pequeños para obtener mayores recompensas por la minería. Con el tiempo, esto podría aniquilar y destruir por completo la cadena de bloques más grandes, lo que proporcionaría grandes beneficios a los especuladores.

Este problema tenía una solución sencilla: la metodología de activación podía exigir que el primer bloque en el punto de activación fuera superior a 1 MB, con lo que se conseguía una división limpia en la que ninguna cadena era vulnerable a un *wipeout*. Sin embargo, cuando hablé de esto con algunos *big blockers*, me dijeron que no era un problema, ya que el apoyo a los bloques más grandes era abrumador. Los *big blockers* también creían que la mayoría de *hashrate* definía bitcoin, y la inclusión de un punto de control de este tipo socava este punto de vista. Era casi como si la ideología de los bloques grandes hiciera su cadena más vulnerable. Un prominente *small blocker*, sin embargo, discutió este tema conmigo. Dijo que es mejor mantener este asunto en secreto, mejor no interrumpir a un enemigo mientras está cometiendo un gran error, explicó. Algunos *small blockers* prefirieron mantener esta herramienta potencial en reserva como mecanismo de emergencia para utilizar en caso de que se lanzara una cadena de bloques más grandes con esta vulnerabilidad. A medida que avanzaba la guerra, los *big blockers* acabaron aprendiendo esta lección y adoptaron el enfoque de la escisión limpia con un punto de control. Sin embargo, tardaron hasta el verano de 2017 en darse cuenta.

Bitcoin Classic (junto con Bitcoin XT) tenía otra desventaja autoimpuesta que, combinada con la asimetría mencionada anteriormente, empeoraba aún más su situación: las ventanas de activación *deslizantes* del 75%. Como ya se ha mencionado, bitcoin había utilizado un umbral de activación del 95% para activar los *softforks*, pero en periodos fijos de dos semanas. Por el contrario, el *hardfork* de Bitcoin Classic tenía una ventana *deslizante* del 75%, lo que significa que si 750 bloques marcaban soporte para Classic en cualquier periodo consecutivo de 1.000 bloques, se activaría. Supongamos que los mineros se actualizaran gradualmente con el tiempo, como ocurrió con las actualizaciones anteriores. Dado que el periodo de gracia era de sólo cuatro semanas, esto significa básicamente que, en el momento en que se produjera el primer bloque grande, aproximadamente el 25% de los mineros seguirían minando la cadena de bloques más pequeños. Si se hubieran utilizado ventanas de votación fijas, incluso con un umbral del 75%, esto habría permitido al menos la posibilidad de un apoyo superior al 75%. En realidad, es probable que la situación fuera incluso peor. Cuando se hacía un análisis estadístico de la señalización de los mineros, suponiendo una adopción lenta, era probable que Classic cruzara este umbral del 75% antes incluso de que el 75% de los mineros se hubieran actualizado. El escenario más probable era una división del 29% frente al 71%.[13]

Por tanto, estaba casi garantizado que la ventana deslizante provocaría una división caótica. Los *big blockers* insistían en ir a la batalla con las manos atadas a la espalda *y también* con los ojos vendados. Independientemente de los números de cada bando, el resultado probable era una victoria de los *small blockers*.

Esta ventana deslizante parecía totalmente innecesaria y algunos de los desarrolladores de bitcoin se lo explicaron a Gavin en numerosas ocasiones. Sin embargo, a Gavin no le preocupaba ya que, en su opinión, el apoyo a los bloques más grandes era abrumador. Por tanto, no era un problema importante. Puede que hubiera sido prudente que Gavin escuchara estos comentarios, ya que por muy poco esfuerzo extra podría haber aumentado las posibilidades de hacer la actualización lo más suave posible y potencialmente ganar a más gente para su bando. De hecho, Gavin podría haberse equivocado en su presunción sobre el nivel de soporte de Bitcoin Classic. Mejor prevenir que lamentar, pensé. La negativa a hacer esto no me pareció la del antiguo Gavin, que parecía más cauteloso en su enfoque y más abierto de mente. Parecía que su frustración por la situación había nublado su juicio hasta cierto punto, y que estaba perdiendo la paciencia. Tal vez Gavin tuviera toda la razón en perder la paciencia, y tal vez todas estas preocupaciones de los *small blockers* no fueran más que tácticas dilatorias. Los *small blockers* eran muy buenos en eso. No era como si estos dijeran "Solamente arregla estas dos cosas y apoyaremos a Classic". Si Gavin hubiera arreglado esto, las mismas personas habrían pasado a otros problemas que habían identificado en Classic. Por ejemplo, habrían pedido que cambiara el encabezado del bloque, para que los clientes ligeros supieran que se había producido el *hardfork*, que era otra característica de seguridad que los *small blockers* exigían a menudo. Como en la mayoría de estos temas en la guerra, la verdad probablemente se encuentre en algún punto intermedio, pero el hecho de que los *big blockers* finalmente abordaran algunas de estas preocupaciones más adelante en la guerra sugiere que quizás haya algo de verdad en la afirmación de que estaban perjudicando a su propio bando con estos sistemas de activación.

A pesar de estas debilidades potencialmente desastrosas en la metodología de activación de Bitcoin Classic, su popularidad iba en aumento. Casi todas las empresas de capital riesgo respaldadas por Silicon Valley en San Francisco, como Coinbase, respaldaban Classic. Los puntos débiles de Bitcoin Classic eran demasiado teóricos, demasiado técnicos y no se comprendían ni discutían ampliamente. En este punto, los *big blockers* tenían el impulso y estaban ganando la guerra. Cada vez más pools de minería, como Bitfury Group, empezaron a manifestar su intención de apoyar Bitcoin Classic.[14] Al mismo tiempo, más empresas del ecosistema anunciaban su apoyo. Sin embargo, el número de bloques que realmente anunciaban su apoyo a Bitcoin Classic era bastante bajo, y no parecía que muchos usuarios estuvieran ejecutando nodos Classic.

En febrero de 2016 se celebró un evento llamado La Mesa Redonda de Satoshi. Fue el segundo de una serie de eventos anuales que continuaron hasta 2020 y que brindan a los líderes del espacio *blockchain* la oportunidad de reunirse y debatir sobre diversos temas. En esta ocasión, la agenda estuvo dominada por la cuestión del tamaño de los bloques. No asistí a este evento, por lo que no puedo ofrecer un relato de primera mano. Sin embargo, Brian Armstrong sí asistió, junto con su colega de entonces, el fundador de Litecoin y hermano de Bobby Lee, Charlie Lee. Después de la conferencia, Brian escribió un blog criticando a varios desarrolladores de Bitcoin Core y proclamando su apoyo a Bitcoin Classic. Según recuerdo, inicialmente el post era más mordaz contra Bitcoin Core, sin embargo esto fue rápidamente rectificado con un post más moderado.

> *"En mi opinión, quizá el mayor riesgo de bitcoin ahora mismo sea, irónicamente, una de las cosas que más lo ha ayudado en el pasado: los desarrolladores de Bitcoin Core.*
>
> ...

El equipo de Core está formado por personas con un alto coeficiente intelectual, pero hay algunas cosas que me parecen muy preocupantes sobre ellos como equipo después de pasar algún tiempo con ellos el pasado fin de semana. Algunos de ellos muestran habilidades de comunicación muy pobres o una falta de madurez — esto ha perjudicado la capacidad de bitcoin para atraer a nuevos desarrolladores de protocolos al espacio. Prefieren las soluciones 'perfectas' a las 'suficientemente buenas'. Y si no existe una solución perfecta, parecen estar de acuerdo con la inacción, incluso si eso pone en riesgo a bitcoin.

...

Necesitamos formar un nuevo equipo para trabajar en el protocolo bitcoin. Un equipo que reciba bien a los nuevos desarrolladores de la comunidad, dispuesto a hacer concesiones razonables, y un equipo que ayude a que el protocolo siga creciendo. Tendrás más noticias sobre esto en uno o dos meses.

...

Si quieres asegurar el éxito de bitcoin, te recomiendo que te pases a Bitcoin Classic a corto plazo.

...

También puse el ejemplo de los navegadores web. Los equipos de Chrome y Safari son feroces competidores, pero también asisten a las mismas conferencias y colaboran con el IETF en materia de estándares. Muchas empresas competidoras también estaban presentes en la conferencia. No eran hostiles ni combativas entre sí. Todos trabajamos en el mismo sector y somos amigos en muchos sentidos. Lo mismo ocurriría con los múltiples equipos que trabajan en el protocolo bitcoin. Ofreciendo opciones en el mercado se conseguirá más progreso, no menos."[15]

Lo anterior es un resumen de quizás las partes más controversiales del post de Brian. Reflejaba claramente un creciente resentimiento hacia algunos de los desarrolladores de Bitcoin Core y el deseo de que bitcoin se liberara de ellos.

Brian sacó a colación el ejemplo de los equipos de desarrolladores que compiten en los navegadores web, Chrome contra Safari. Por supuesto, para los *small blockers* esto ilustraba que Brian no entendía la situación. Los navegadores web no tenían un sistema de consenso global. Para el bando *small blocker*, esta guerra no se trataba de equipos en competencia; se trataba de reglas de consenso de red en competencia y, por tanto, de monedas en competencia, con el potencial de precios de mercado y flujo financiero entre las monedas, y toda la complejidad que conlleva una separación. Bitcoin Classic ni siquiera era realmente un equipo competidor. Era en gran medida el mismo código que Bitcoin Core, con algunos parámetros cambiados. Ya había equipos competidores, con una base de código diferente a Bitcoin Core, que implementaban bitcoin. Estos otros clientes de bitcoin estaban escritos en lenguajes diferentes, por ejemplo Libbitcoin o BTCD. El no apreciar la distinción entre monedas competidoras y equipos competidores fue un error garrafal del bando *big blocker*. Desde la perspectiva *small blocker*, los *big blockers* querían bloques más grandes pero no entendían cómo funcionaba bitcoin o cómo realizar un *hardfork*, así que descargaron su frustración en Bitcoin Core y el equipo de desarrollo, un chivo expiatorio conveniente.

A pesar de la falta de señales significativas de los mineros para Bitcoin Classic, en febrero de 2016 parecía que los mineros se estaban preparando para señalizar, y la activación parecía una posibilidad real. Al mismo tiempo, el apoyo de Coinbase a Classic parecía ahora rotundo. Dados algunos de los parámetros implicados en la activación y la determinación de los *small blockers*, que los *big blockers* no supieron apreciar, bitcoin me pareció que se dirigía hacia una crisis importante y una división. En este punto de la guerra, los *big blockers* estaban en una posición más fuerte que nunca, mientras que a la oposición aún le quedaban algunos trucos bajo la manga. Bitcoin se sentía al borde de un fracaso catastrófico.

NOTAS

1. El proveedor de servicios de internet (ISP, por las siglas de Internet Service Provider) es la empresa que brinda conexión a Internet a sus clientes (N. del T.).

2. https://www.reddit.com/r/bitcoinxt/comments/3yewit/psa_if_youre_running_an_xt_node_in_stealth_mode/

3. https://www.coinbase.com/blog/scaling-bitcoin-the-great-block-size-debate

4. https://bitcoin.org/bitcoin.pdf

5. https://github.com/bitcoin-dot-org/Bitcoin.org/commit/7d1cdd946514 61ff13ad4ed10b05b2374690fac2

6. https://blog.plan99.net/the-resolution-of-the-bitcoin-experiment-dabb30201f7#.h81ihjioy

7. https://twitter.com/JihanWu/status/688300019003162626

8. https://news.ycombinator.com/item?id=10920902

9. https://archive.is/6QvMJ

10. https://bitcointalk.org/index.php?topic=1330553.0

11. https://github.com/bitcoinclassic/bitcoinclassic/releases/tag/v0.11.2.cl1

12. En finanzas, venta corta (del inglés *short selling*), posición corta o posición en corto es la operación financiera consistente en la venta por un agente que interviene en el mercado de un activo que no posee (N. del T.).

13. https://bitcoinmagazine.com/articles/bitcoin-classic-hard-fork-likely-to-activate-at-hashrate-support-1457020892

14. https://twitter.com/ValVavilov/status/688054411650818048

15. https://blog.coinbase.com/what-happened-at-the-satoshi-roundtable-6c11a10d8cdf

2. 3. 4.

5. 6. 7.

8. 9. 10.

11. 13. 14.

15.

CAPÍTULO 8

LA MESA REDONDA DE HONG KONG

El 20 de febrero de 2016, estaba haciendo senderismo por las colinas de los alrededores de Hong Kong con un grupo de amigos. A última hora de la tarde, acababa de llegar a la cima de Lion's Rock y apreciaba la emblemática vista de Hong Kong, con la isla a lo lejos. Mientras esperaba a que el resto del grupo me alcanzara, consulté mi teléfono y navegué por el subreddit /r/btc y me topé con un post sobre una reunión en Hong Kong entre los mineros y los desarrolladores para hablar sobre el escalado de bitcoin.[1] Mirando una de las imágenes, el lugar parecía ser el mismo que en la segunda conferencia de escalado, Hong Kong Cyberport. Ansioso por no perdérmelo, me puse inmediatamente en camino montaña abajo para conseguir un taxi que me llevara directamente al lugar del evento, antes incluso de esperar a que todos los de mi grupo llegaran a la cima. No estaba invitado al evento, pero si se estaban debatiendo y posiblemente decidiendo las normas del protocolo, y bitcoin es una red abierta, supuse que tenía tanto derecho a estar allí para presenciar los acontecimientos como cualquier otra persona. ¿Seguro que no se me podía excluir? No sería justo. Con esta actitud de confianza, me dirigí al evento.

Llegué sobre las cuatro de la tarde. La reunión se celebraba en una sala pequeña, con unas 30 o 40 personas presentes, todas reunidas en pequeños grupos y charlando en voz baja. Los desarrolladores estadounidenses charlaban en un rincón, mientras Adam Back y los mineros conversaban entre ellos en el otro extremo de la sala. Entre los desarrolladores presentes se encontraban el estadounidense Cory Fields (que solía trabajar con Gavin en la Bitcoin Foundation), Johnson Lau (desarrollador residente en Hong Kong, coautor de SegWit), Luke Dashjr, Matt Corallo (desarrollador residente en EE.UU. y cofundador de Blockstream) y Peter Todd. Hablando con los desarrolladores, me dijeron que habían venido a Hong Kong para educar a los mineros sobre bitcoin y mantener un debate amistoso. También querían convencer a los mineros de que no utilizaran Bitcoin Classic. Sin embargo, algunos de los mineros estaban muy interesados en un *hardfork* y habían amenazado con pasarse a Bitcoin Classic.

Estaba claro que la tensión en la sala era muy elevada. Entonces me dirigí al otro lado de la sala. Jihan Wu y Micree Zhan, los dos cofundadores de Bitmain, estaban sentados en una mesa contigua, rodeados de otros personajes de la industria minera que se inclinaban por una discusión. Jihan parecía el más agitado, y quienes lo rodeaban querían que se calmara. De repente, Jihan dijo algo así como: "¡Vamos a apoyar a Classic; Core hará un *hardfork*, o dejaremos Core!". Todos los que rodeaban a Jihan se mostraron preocupados e intentaron calmarlo de nuevo. Al cabo de unos minutos, las conversaciones se reanudaron.

Los procedimientos comenzaron con Jihan proclamando en voz alta que los mineros harán un *hardfork* a 2 MB. "Si Bitcoin Core quiere ser parte de bitcoin, tiene que hacer este *hardfork*", dijo. Uno de los desarrolladores respondió entonces diciendo que SegWit era "ya 2 MB y Bitcoin Core estaba trabajando en SegWit". "¡No!" proclamó Jihan, "necesitamos un *hardfork* a 2 MB, no SegWit". La sensación de frustración en la sala era muy alta; todo esto se había dicho claramente antes de que yo llegara, y se estaban repitiendo. Las conversaciones continuaron durante varias horas más, dando vueltas y vueltas en círculos. Era evidente la falta de confianza.

Ambas partes parecían estar de acuerdo en que esta incertidumbre en torno a Classic y el *hardfork* era mala para bitcoin. Parecía surgir la idea de que sería bueno para bitcoin que todos los presentes se pusieran de acuerdo y anunciaran un plan. Recuerdo haber oído a alguien decir que esto calmaría los mercados e impulsaría el precio. Si hay algo en lo que todo el mundo estaba siempre de acuerdo era en el deseo de que el precio de bitcoin subiera. Por lo tanto, surgió el objetivo de acordar en un documento que se publicaría esbozando un camino a seguir para bitcoin. No tengo muy claro cómo surgió esta idea.

Adam Back y algunos de los desarrolladores se comunicaban con algunos de sus colegas de Blockstream en Estados Unidos por teléfono y a través de aplicaciones de mensajería durante las negociaciones. Estaban claramente furiosos con Adam por lo que estaba haciendo, enviando mensajes airados y tratando desesperadamente de persuadirlo para que se detuviera. Me imagino el tipo de mensajes que habrían estado escribiendo; probablemente argumentaban que se supone que bitcoin es dinero apolítico y que las reglas no deberían determinarse a escondidas en una negociación política a puertas cerradas. Su siguiente punto de discordia fue el *hardfork*: les preocupaba que Adam y los otros desarrolladores se comprometieran a un *hardfork*, mientras que ellos estaban convencidos de que SegWit era la mejor manera de avanzar. En cualquier caso, dejaron claro que no formarían parte del acuerdo. Sin inmutarse por ello, creyendo que era la única forma de detener Bitcoin Classic, las discusiones continuaron.

La mayor parte del debate se centró en el calendario y el orden de los acontecimientos. Debido a la falta de confianza, Jihan quería que el *hardfork* se produjera antes que SegWit. Los desarrolladores argumentaron que no tenían la capacidad de prometer un *hardfork*, ya que no controlaban Bitcoin Core, ni Core controlaba bitcoin. Lo único a lo que podían comprometerse era a escribir el código. Algunos de los mineros siguieron repitiendo que tenía que estar en una versión de Bitcoin Core, y dimos vueltas en círculos sobre este punto durante un tiempo considerable.

Samson Mow, que entonces trabajaba en el *exchange* BTCC de Bobby Lee, también estuvo presente en la reunión. Recuerdo que fue uno de los muchos protagonistas del texto y que redactó parte de él. En aquella época, Samson era un ferviente *small blocker*, que parecía disfrutar ridiculizando a los *big blockers*. Esto lo convirtió en una de las principales figuras de odio para los *big blockers*, junto a Gregory Maxwell, Adam Back y Luke Dashjr. En abril de 2017, aproximadamente un año después de este evento, Samson se uniría a Blockstream como CSO.

Se llegó a las 4 de la madrugada, y el regateo sobre la redacción del texto continuó. Incluso se publicó por error en Medium en un momento dado, pero hubo que retirarlo porque una de las partes no estaba satisfecha. Según tengo entendido, la sesión comenzó el sábado alrededor de las 10 de la mañana. Todos los presentes estaban muy cansados, enfadados y estresados: el ambiente perfecto para tomar malas decisiones. Había una sensación de que tenían que ponerse de acuerdo en algo. A medida que aumentaba la frustración, todos acabaron acordando un texto. Pero nadie estaba contento con él. De hecho, casi todos estaban en desacuerdo con varias partes del mismo. Sin embargo, a las 5 de la mañana ya nadie se molestaba en seguir discutiendo. Ni a mí ni a los presentes se nos pasó por alto que se trataba de una táctica habitual en las negociaciones de tratados internacionales para forzar a las partes a llegar a un acuerdo.

Cuando por fin se llegó a un acuerdo sobre el texto, todo el mundo se congregó en círculo en el centro de la sala, con las manos tendidas hacia los demás, para hacer una foto que ilustrara el consenso. Todos, excepto Adam Back y Matt

Corallo, que siguieron revisando y reflexionando sobre el texto mientras se hacía la famosa foto. Los rostros quedaron excluidos de la foto; sólo se vieron las manos. La mayoría de los mineros parecían aliviados y sonreían mientras se tomaba la foto. En contraste con esto, muchos de los desarrolladores tenían caras apagadas y tristes y miraban hacia otro lado que no fuera el de la cámara.

El cuerpo principal del texto acordado es el siguiente:

> *Continuaremos trabajando con toda la comunidad de desarrollo del protocolo bitcoin para elaborar, en público, un hardfork seguro basado en las mejoras de SegWit. Los colaboradores de Bitcoin Core presentes en la Mesa Redonda de Bitcoin tendrán una implementación de dicho hardfork disponible como recomendación para Bitcoin Core en un plazo de tres meses tras el lanzamiento de SegWit. Se espera que este hardfork incluya características que se están debatiendo actualmente en las comunidades técnicas, incluyendo un aumento de los datos que no son firmas (non-witness) a unos 2 MB, y un tamaño total no superior a 4 MB, y sólo se adoptará con un amplio apoyo de toda la comunidad bitcoin. Si hay un fuerte apoyo de la comunidad, la activación del hard-fork se producirá probablemente en torno a julio de 2017. Solo ejecutaremos sistemas de consenso compatibles con Bitcoin Core, que eventualmente contengan tanto SegWit como el hardfork, en producción, en un futuro previsible.*

El acuerdo tenía algo para todos. Decía que el *hardfork* sólo sería "adoptado con un amplio apoyo de toda la comunidad bitcoin". Esto era clave para los *small blockers*, ya que era la línea que podían utilizar para justificarse. No se estaban comprometiendo a un *hardfork*; dependía de la comunidad, que es lo que habían estado argumentando todo el tiempo. Los *big blockers* parecían ignorar por completo esta parte del acuerdo. Desde su punto de vista, esa línea podría no haber existido. Incluso hoy, la mayoría de los *big blockers* parecen ignorarla. Los mineros que firmaron el acuerdo se comprometieron a ejecutar únicamente sistemas de consenso compatibles con Bitcoin Core, parando así en seco a Bitcoin Classic. Este fue un logro clave para los *small blockers*. Desde su punto de vista, al menos para algunos de ellos, se había evitado una crisis. En cuanto a los *big blockers* presentes en la reunión, los desarrolladores se habían comprometido a escribir código para un *hardfork*, que los mineros creían que ejecutarían y, por tanto, llevarían a cabo el *hardfork*.

El acuerdo también decía lo siguiente:

> *Ejecutaremos una versión de SegWit en producción para cuando dicho hard-fork se publique en una versión de Bitcoin Core.*[2]

Jihan había insistido en la inclusión de este término. No me di cuenta en ese momento, pero muchos *big blockers* interpretaron que esto significaba que *sólo* ejecutarían una versión de SegWit en producción en el momento en que dicho *hardfork* se publicara en una versión de Bitcoin Core. Una de las mayores preocupaciones de Jihan en la reunión, y probablemente válida, era que Bitcoin Core no incluyera el *hardfork*, ya que el acuerdo no se comprometía a ello. Por lo tanto, Jihan había insistido en este término como garantía. Para él, significaba que SegWit no se activaría hasta que el *hardfork* fuera liberado en Bitcoin Core. Aunque el acuerdo establecía que el código SegWit se liberaría tres meses antes que el código del *hardfork*, esto no importaría para Jihan, ya que seguiría esperando esos tres meses antes de ejecutar el código SegWit. Jihan pretendía utilizar SegWit como moneda de cambio para conseguir el *hardfork*. Si no había código de *hardfork*, no se comprometía a ejecutar SegWit.

Los *small blockers* presentes no se dieron cuenta de esto. Para ellos, los mineros ejecutarían el código SegWit de todos modos, porque era lo correcto. Utilizar SegWit como moneda de cambio para conseguir un *hardfork* simplemente no era apropiado. Para ellos, esta línea del acuerdo no tenía sentido. Nunca pretendieron que los mineros se comprometieran con SegWit; simplemente asumieron que los mineros querrían SegWit de todos modos.

El acuerdo no resolvió la situación en absoluto. Sólo sirvió para aumentar la desconfianza. Cada parte tenía una interpretación diferente del acuerdo y podía señalar a su oponente y acusarlo de incumplirlo. Esto me recordó de nuevo a la geopolítica y a cómo los diplomáticos pasaban horas y horas de la noche intentando ponerse de acuerdo sobre un texto, sabiendo que cada respectivo gobierno tenía una postura irreconciliable. Quizá el ejemplo más famoso fue la resolución 242 del Consejo de Seguridad de las Naciones Unidas, adoptada en noviembre de 1967.

> *Retirada de las fuerzas armadas israelíes de los territorios ocupados en el reciente conflicto.*[3]

No estaba claro si se refería a todos los territorios o a algunos de los territorios. Esta falta de claridad fue, por supuesto, algo deliberado, ya que las dos partes nunca habrían aceptado la resolución si esa frase hubiera sido más clara. Aunque la resolución puede haber sido un logro a corto plazo para los propios diplomáticos, no parece que contribuyera a una paz duradera, ya que las acusaciones a las partes de incumplir este acuerdo persistieron durante décadas. Este puede ser un mal modelo a seguir para bitcoin. Con esta analogía en mente, me di cuenta de que una resolución pacífica de este conflicto del tamaño de los bloques, en la que ambas partes estuvieran contentas, era, por desgracia, muy poco probable. Esto era bastante difícil de entender, dado que bitcoin sólo tenía seis años. ¿Cómo había llegado a comparar este desacuerdo con uno de los conflictos políticos y religiosos más intratables del planeta, después de sólo seis años? Bitcoin compartía muchas características con la religión, al parecer, y por supuesto las religiones se bifurcan y se dividen todo el tiempo. Pero las religiones no son activos financieros y no se puede comerciar con ellas. Esto hacía que la dinámica fuera potencialmente aún más interesante.

Tras la firma y publicación del acuerdo, el siguiente paso fue que los presentes en la reunión vendieran el acuerdo a sus respectivas partes. Esto no fue nada bien. Desde el lado de los *big blockers*, los mineros parecían haber demostrado ser unos cobardes. Dejar Bitcoin Classic y comprometerse con Bitcoin Core era exactamente lo contrario de lo que querían los *big blockers*. Estaban convencidos de que se trataba de otra táctica dilatoria del bando contrario, y que el *hardfork* no sería liberado en Bitcoin Core. En cuanto a los *small blockers*, estaban igualmente descontentos. Gregory Maxwell, CTO y cofundador de Blockstream, donde Adam era el presidente, dejó claros sus sentimientos, refiriéndose al grupo en la reunión de Hong Kong como "imbéciles bienintencionados".

> *Es sólo que un par de imbéciles bienintencionados fueron a China hace unos meses para aprender y educar sobre los problemas y se las arreglaron para dejarse encerrar en una habitación hasta las 3-4 de la mañana hasta que acordaran personalmente proponer algún hardfork después de segwit. Ahora están luchando por cumplir la tarea aparentemente imposible de mantener su acuerdo (a pesar de que se hizo bajo coacción y a pesar de que f2pool lo violó inmediatamente) mientras obedecen sus convicciones personales y sin perder el respeto de la comunidad técnica.*[4]

Alcanzar un consenso sobre la cuestión se hacía cada vez más difícil; cuanto más tiempo pasaba, más obstinada y atrincherada se volvía la gente. Poco a poco, cada vez se trataba menos de hacer lo mejor para bitcoin y, por desgracia, más de derrotar a los adversarios y ganar la guerra. A medida que el conflicto avanzaba y las discusiones continuaban, cada bando estaba cada vez más convencido de su causa, y las perspectivas de una resolución pacífica eran cada vez menos probables.

La mayoría de los bitcoiners consideran este acuerdo, y los acontecimientos de Hong Kong, una vergüenza y un error. Mi opinión, que quizá no sea compartida por muchos, es que sí se consiguió algo. Bitcoin Classic estaba ganando un impulso considerable en ese momento: contaba con el apoyo de casi todos los principales actores de la industria, y los mineros parecían estar muy cerca de apoyarlo. Parecíamos encaminados hacia una crisis. El acuerdo de Hong Kong nos sacó del borde del precipicio.

NOTAS

1. https://www.reddit.com/r/btc/comments/460a1r/feb_20_hk_coreminer
_conference_pics_will_be/

2. https://medium.com/@bitcoinroundtable/bitcoin-roundtable-
consensus
-266d475a61ff

3. https://en.wikipedia.org/wiki/United_Nations_Security_Council
_Resolution_242

4. https://bitcointalk.org/index.php?topic=1330553.msg14835202#msg14835202

1.

2.

3.

4.

CAPÍTULO 9

FAKETOSHI

El lunes 2 de mayo de 2016 fue uno de esos días salvajes en el mundo bitcoin. Gavin soltó una bomba sorprendente. Publicó un blog en el que afirmaba que estaba convencido más allá de toda duda razonable de que Satoshi Nakamoto era un australiano llamado Craig Steven Wright. Gavin afirmó que había visto pruebas criptográficas de ello en Londres.

> *Creo que Craig Steven Wright es la persona que inventó bitcoin.*
>
> *Volé a Londres para reunirme con el Dr. Wright hace un par de semanas, después de que una conversación inicial por correo electrónico me convenciera de que había muchas posibilidades de que fuera la misma persona con la que me había comunicado en 2010 y principios de 2011. Después de pasar tiempo con él estoy convencido más allá de toda duda razonable: Craig Wright es Satoshi.*
>
> *Parte de ese tiempo lo empleé en una minuciosa verificación criptográfica de mensajes firmados con claves que solo Satoshi debería poseer. Pero incluso antes de presenciar las claves firmadas y luego verificadas en una computadora limpia que no podía haber sido manipulada, estaba razonablemente seguro de estar sentado junto al padre de bitcoin.*
>
> *Durante nuestro encuentro, vi a la persona brillante, obstinada, centrada, generosa -y preocupada por su privacidad- que coincide con el Satoshi con el que trabajé hace seis años. Y aclaró muchos misterios, entre ellos por qué desapareció cuando lo hizo y en qué ha estado ocupado desde 2011. Pero voy a respetar la privacidad*

> *del Dr. Wright, y dejar que él decida cuánto de esa historia comparte con el mundo.*
>
> *Nos encanta crear héroes, pero también parece que nos encanta odiarlos si no están a la altura de algún ideal inalcanzable. Sería mejor si Satoshi Nakamoto fuera el nombre en clave de un proyecto de la NSA, o una inteligencia artificial enviada desde el futuro para hacer avanzar nuestro dinero primitivo. No lo es, es un ser humano imperfecto como el resto de nosotros. Espero que consiga ignorar la tormenta que creará su anuncio y siga haciendo lo que le gusta: aprender, investigar e innovar.*
>
> *Estoy muy contento de poder decir que le estreché la mano y le di las gracias por haber dado bitcoin al mundo.*[1]

Inicialmente, mucha gente pareció llegar a la conclusión de que Gavin debía haber sido hackeado, ya que tal afirmación era claramente increíble y él nunca diría algo así. Debido a esta preocupación, se revocó el acceso de Gavin al repositorio de software de Bitcoin Core.[2] Gavin seguía siendo libre de hacer contribuciones, pero ya no tenía autoridad para incorporar actualizaciones al repositorio principal.

Sin embargo, unas horas más tarde, apareció un vídeo de Gavin desde Nueva York en el que ratificaba las afirmaciones.[3] Aunque estas declaraciones parecían inverosímiles, no podía creer que Gavin se equivocara en algo tan importante. Sin embargo, no me iba a fiar de la palabra de Gavin. Esperaría hasta haber revisado un mensaje de Craig firmado con una de las claves de Satoshi. Mi suposición era que esto se publicaría muy pronto y que la comunidad bitcoin tendría que aceptar el hecho de que Satoshi estaba de vuelta. Mi atención se centró inmediatamente en la guerra del tamaño de bloque. ¿Quizás Gavin había hecho esto debido a su frustración por la falta de adopción de Bitcoin Classic? La guerra del tamaño de bloque debe haber provocado esto, pensé. Empecé a especular más: ¿quizás Gavin había controlado esta clave durante años y ahora estaba eligiendo a Craig como testaferro? Satoshi/Craig podría entonces abogar por Bitcoin Classic. Seguramente Gavin nunca haría algo tan malicioso como eso.

Varias horas después, por la tarde, hora de Hong Kong, Craig Wright publicó un blogpost.[4] Para mi sorpresa, el blogpost era un largo lío de frases y capturas de pantalla confusas e irrelevantes. Como muchos bitcoiners, me puse a buscar frenéticamente en él, recorriéndolo de arriba abajo en busca del mensaje y la firma. Esto era tan fácil de hacer, ¿dónde estaba? Tenía mi software abierto y listo para verificar la firma al otro lado de la pantalla. Después de unos cinco minutos de seguir recorriendo la página de arriba a abajo, caí en la cuenta. Este blogpost parecía ser una tontería confusa. No había ningún mensaje ni firma de Satoshi, parecía que todo era un engaño. Gavin podría haber sido engañado. El blogpost parecía estar diseñado para causar confusión, o para hacer creer a las personas que no tenían ninguna comprensión o experiencia con la criptografía que esto era una prueba.

Resulta que había una firma en algún lugar del blogpost, y esta era de Satoshi. Sin embargo, como señaló el usuario de Reddit /r/JoukeH, la firma estaba tomada de una de las transacciones que Satoshi había firmado en la cadena de bloques.[5] No había ningún mensaje que afirmara que Craig era Satoshi. Todo lo que parecía haber hecho Craig era copiar y pegar una firma de la *blockchain* pública y añadirla a una entrada de blog incoherente y llena de contenido irrelevante.

El anuncio de Gavin coincidió con tres noticias, en la *BBC*,[6] *The Economist*[7] y *Wired*,[8] escritas por periodistas que afirmaban haber visto la misma prueba inicial en Londres. Este periodismo nefasto sobre bitcoin no me sorprendió, ya que siempre me había parecido bastante pobre, aunque, para ser justos con *Wired*, su informe inicial al menos mostraba un alto grado de escepticismo. Un par de años atrás, en marzo de 2014, Newsweek afirmaba haber descubierto a Satoshi.[9] Esta historia era igual de estúpida; el periodista parecía haberse limitado a mirar en la guía telefónica, encontrar a alguien que se llamaba Satoshi y luego afirmar que era él, sin ninguna prueba adicional.

El 6 de mayo de 2016, Wladimir Van Der Laan explicó la decisión tomada de eliminar el permiso de *commit*[10] de Gavin y por qué no se había restablecido.

> *Así que cuando surge la pregunta de si deberíamos hacer a Gavin mantenedor de nuevo, mi respuesta, y la de muchos otros es un rotundo "no". Por un lado, simplemente no tiene sentido, ya que en primer lugar él no estaba actuando como mantenedor de Bitcoin Core, y además de eso, muchos sienten que podemos ser más productivos si nos separamos.*[11]

Unos días después de la publicación del blog de Craig, en un escenario en Nueva York con Pindar Wong y el fundador de Ethereum, Vitalik Buterin, Gavin repitió sus declaraciones de que Craig era Satoshi.[12] Esto fue bastante sorprendente, dada la farsa de prueba que Craig había presentado en su blog.

Gavin nunca se retractó de sus afirmaciones, aunque más tarde admitió que era posible que le hubieran "engañado" en Londres. No está claro por qué Gavin voló a Londres, ya que una prueba de este tipo podría haberse realizado fácilmente por correo electrónico. Gavin ha afirmado que tuvo que hacerlo en persona, porque Craig quería mantener la negabilidad y no arriesgarse a que alguien más publicara la prueba. Este aparente dilema podría haberse resuelto fácilmente con encriptación: Gavin podría cifrar un mensaje secreto utilizando la clave privada de Satoshi, y Craig podría descifrarlo (si tuviera la clave). Esto podría demostrar a Gavin que Craig tenía la clave, pero Craig podría mantener la posibilidad de desmentirlo, ya que podría afirmar que Gavin filtró el mensaje.

Todo este escándalo había sido un duro golpe para la reputación de Gavin y una gran victoria para los *small blockers*. Gavin había provocado una gran herida autoinfligida al bando de los bloques grandes y sólo podía culparse a sí mismo. El propio Craig era un *big blocker* y tal vez esto había nublado el juicio de Gavin. Los *small blockers* no podían creer su suerte. En la comunidad *small blocker* circularon bromas sobre la posibilidad de que Craig fuera Satoshi y un *small blocker*, y que hubiera realizado cínicamente esta maniobra para perjudicar al bando de los bloques grandes. Personalmente, Gavin me dio un poco de pena. A estas alturas, la presión sobre él era tremenda, y todo el mundo comete errores.

En el bando de los *small blockers*, había un acuerdo casi universal en que Craig había cometido muchos actos de fraude y casi todo el mundo estaba de acuerdo en que no había pruebas de que Craig fuera Satoshi. Sin embargo, sorprendentemente, el bando *big blocker* parecía estar dividido por la mitad. Por ejemplo, Roger Ver, un destacado *big blocker*, declaró que pensaba que era probable que Craig fuera Satoshi.

> *Creo que hay pruebas suficientes para pensar que es más probable que no lo sea.*[13]

En privado, algunos de los *small blockers* parecían satisfechos. Desde su punto de vista, las tácticas dilatorias habían funcionado y ahora los *big blockers* se revelaban como los idiotas que eran. Otros, en cambio, se mostraron más cautos y advirtieron que no había que subestimar a los *big blockers*.

Durante los dos años siguientes, Craig fue acogido como parte de la comunidad de *big blockers*, hablando en sus conferencias y asistiendo a sus eventos sociales. Para muchos de los *small blockers*, Craig parecía tener una personalidad extremadamente agresiva y parecía tener un conocimiento débil del protocolo bitcoin, para muchos de ellos parecía y sonaba como un clásico estafador. Craig era un *big blocker*, alineándose con algunos de los puntos de vista más extremos de los *big blockers*, por ejemplo calificando a SegWit de "mierda" o afirmando que no existían los nodos no mineros, sino sólo los mineros. Esto fue del agrado de algunos en la comunidad *big blocker*, mientras que otros *big blockers* vieron el daño que estaba haciendo a su causa. Sin embargo, no parecía que pudieran hacer mucho al respecto, ya que muchos líderes de su comunidad lo habían respaldado.

También había muchas pruebas de fraude y engaño cometidos por el Sr. Wright que los *small blockers* podían señalar. Por ejemplo, el Sr. Wright editó su blog, con fecha de 2008, siete años después, en 2015, para que pareciera que estaba escribiendo un artículo sobre la criptomoneda en ese momento, aunque una instantánea de 2014 del blog no incluye este comentario sobre la criptomoneda.[14][15] Al asociarse con él, los *big blockers* dañaron enormemente su causa. Alejó a muchas de las masas indecisas del medio, convenciéndolas de que se mantuvieran neutrales o se unieran al bando *small blocker*. Convencer y persuadir a estas personas es de lo que trataba la guerra del tamaño de bloque. No fue hasta mucho después de que la guerra terminara, en noviembre de 2018, cuando los remanentes de *big blockers* finalmente se separaron de Craig; bueno, la mayoría de ellos al menos.

Podríamos entrar aquí en más detalles sobre Craig Wright: su historial de casos judiciales, alegaciones falsas y mensajes antedatados de forma verificable. En lugar de eso, digamos que Craig desempeñó sin duda su papel en la guerra del tamaño de bloque, dañando irreparablemente la reputación de Gavin y rescatando a los *small blockers* en lo que, por otra parte, era uno de sus momentos más difíciles en el conflicto.

NOTAS

1. http://gavinandresen.ninja/satoshi
2. https://twitter.com/peterktodd/status/727078284345917441
3. https://www.youtube.com/watch?v=W1f5Ms5heMM El link original ya no esta disponible (N. del T.).
4. https://archive.vn/20160502072026/http:/www.drcraigwright.net/jean-paul-sartre-signing-significance/
5. https://www.reddit.com/r/Bitcoin/comments/4hf4xj/creator_of_bitcoin_reveals_identity/d2pf70v/
6. https://www.bbc.co.uk/news/technology-36168863
7. https://www.economist.com/briefing/2016/05/02/craig-steven-wright-claims-to-be-satoshi-nakamoto-is-he
8. https://www.wired.com/2016/05/craig-wright-privately-proved-hes-bitcoins-creator/
9. https://www.newsweek.com/2014/03/14/face-behind-bitcoin-247957.html
10. Consolidar, confirmar o hacer un *commit* se refiere en este contexto, a la idea de confirmar un conjunto de cambios provisionales de forma permanente (N. del T.).
11. https://laanwj.github.io/2016/05/06/hostility-scams-and-moving-forward.html

12. https://www.youtube.com/watch?v=2qLI3VIHuKU

13. https://archive.is/v8OpD#selection-3389.0-3389.68

14. http://web.archive.org/web/20151003011022/http://gse-compliance.blogspot
.com.au/2008_08_24_archive.html

15. http://web.archive.org/web/20140602022658/http:/gse-compliance.blogspot
.com.au/2008_08_24_archive.html

1. 2. 3.

4. 5. 6.

7. 8. 9.

11. 12. 13.

14. 15.

CAPÍTULO 10

THE DAO

En el verano de 2016, un proyecto llamado "La DAO" (Organización Autónoma Descentralizada) comenzó a captar la atención de muchos dentro de la comunidad de criptomonedas. La DAO era un contrato inteligente construido sobre Ethereum y se presentaba como una especie de fondo de inversión autónomo. En lugar de los anticuados fondos de inversión gestionados verticalmente, La DAO realizaría inversiones determinadas por los votos de sus usuarios y se regiría por el código del contrato inteligente, en lugar de por la ley.

Ethereum fue una moneda concebida en 2013 por Vitalik Buterin, uno de los primeros bitcoiners. El proyecto recaudó fondos en 2014 en una oferta de monedas y Ethereum se puso finalmente en marcha en el verano de 2015. En ese momento, Ethereum solo tenía un año de vida y la comunidad ya estaba participando en algunos proyectos bastante ambiciosos. Se dice que Vitalik quería construir inicialmente su plataforma de contratos inteligentes sobre bitcoin, pero bitcoin no era lo suficientemente flexible para hacer lo que él quería. No se trataba sólo del código y la estructura de bitcoin, sino también de la comunidad — *small blockers* como Gregory Maxwell y Luke Dashjr — que veían esta flexibilidad como un riesgo potencial de seguridad. Por lo tanto, naturalmente, Vitalik y la mayor parte de la comunidad de Ethereum tendieron a ponerse del lado de los *big blockers.*

La guerra del tamaño de bloque fue, en efecto, también un importante instrumento de reclutamiento para Ethereum. La comunidad de Ethereum podía pintar a bitcoin como una tecnología antigua, inflexible y atascada con pequeños bloques de 1 MB. Ethereum, por otro lado, tenía un enfoque mucho más flexible, un límite de tamaño de bloque dinámico que los mineros podían ajustar (en Ethereum, esto se llama límite de gas y la restricción se refiere a la potencia computacional necesaria para procesar varias funciones dentro de los bloques, no a la cantidad de datos utilizados). Mientras las comisiones por transacción empezaban a aumentar en bitcoin, las de Ethereum eran muy bajas. Esta estrategia de marketing de Ethereum tuvo mucho éxito, y muchos bitcoiners cambiaron su atención hacia Ethereum, creyendo que Ethereum era la moneda joven y dinámica del futuro.

Para algunos de los *big blockers*, el paso de bitcoiners a Ethereum era un problema causado por los *small blockers*. Estos habían sido tan increíblemente testarudos que la gente perdió la paciencia y se vieron expulsados.[1] Bitcoin iba a perder cuota de mercado. Los comerciantes podrían terminar adoptando Ethereum, y entonces bitcoin estaba condenado a fracasar. Si bien es cierto que el límite de tamaño de bloque estaba alejando a algunas personas de bitcoin, esta no era la única razón del éxito de las monedas alternativas. La oportunidad de ganar dinero fue el principal motor de esta tendencia. El éxito de Ethereum había impulsado una oleada de imitadores y nuevas ofertas de monedas. Estas monedas a menudo destacaban los supuestos y bien publicitados problemas de escalabilidad de bitcoin y afirmaban que su nueva moneda resolvía estos problemas. A los *small blockers* esto no parecía importarles en absoluto. Estaban interesados en un sistema monetario transformador; las monedas alternativas que afirmaban realizar 40.000 transacciones por segundo no parecían relevantes para ese objetivo.

Irónicamente, aunque estas monedas alternativas eran una fuente de frustración para algunos de los *big blockers*, también les resultaban tentadoras. Les resultaba más fácil abandonar bitcoin y centrarse en estas monedas alternativas, en lugar de continuar con una batalla agotadora. No puedo enfatizar suficientemente cuánto se beneficiaron los *small blockers* de esta tendencia. El espacio de monedas alternativas creció rápidamente durante esta crisis, con sus defensores centrados en recaudar dinero en ofertas de monedas y ganar dinero con la revalorización del precio de las mismas. Si esta salida no hubiera estado disponible para estas personas, podrían haberse quedado en bitcoin luchando en la guerra del tamaño de bloque, y el gran peso numérico de los *big blockers* habría sido demasiado grande para superarlo. Durante los dos años que duró la guerra, se produjo un cambio fundamental en el ecosistema, del espacio bitcoin al espacio de las criptomonedas. En ese entorno, el argumento de que bitcoin tenía que adaptarse a todo el mundo tenía menos sentido. Siempre había una moneda que se adaptaba a las necesidades de la gente.

Volviendo a La DAO. La venta masiva de La DAO se lanzó el 30 de abril de 2016 y duró hasta el 25 de mayo de 2016. Atrajo una enorme atención y recaudó más de 150 millones de dólares para el fondo. Se trataba de una cantidad increíble de dinero en el espacio por aquel entonces; más del 14% de todo el Ether existente se volcó en La DAO. Algunos inversores lo consideraban libre de riesgos, ya que se suponía que uno siempre tenía la opción de rescatar del fondo el Ether invertido si así lo deseaba.

Siendo Ethereum tan joven, no estaba en absoluto preparado para algo tan complicado como La DAO. Pero a la comunidad Ethereum le gustaba experimentar y probar cosas nuevas. Esta es parte de la razón por la que se sintieron atraídos por Ethereum en primer lugar. Estaban aburridos de los conservadores bitcoiners.

Resulta que La DAO era fundamentalmente defectuosa a varios niveles. La creación de nuevos proyectos de inversión habría acabado creando nuevas clases de *tokens* DAO, de modo que cada clase tendría diferentes riesgos y compensaciones. Esto significaba que los *tokens* DAO no serían fungibles y deberían cotizar a precios diferentes, una cuestión poco comprendida por los *exchanges* y la comunidad. El modelo de incentivos económicos del proyecto tampoco tenía mucho sentido. Por ejemplo, a la hora de tomar decisiones sobre inversiones, había pocos incentivos para votar "no" a las propuestas de inversión, ya que los votantes del "no" se convertían en inversores de los proyectos aprobados, mientras que los que se abstenían nunca se exponían. Además, no existía un mecanismo establecido para obligar a los proyectos exitosos a devolver beneficios a La DAO y el código del contrato inteligente no siempre parecía implementar lo que se describía o pretendía. Unas semanas después de la finalización de la venta de *tokens*, el 17 de junio de 2016,[2] (otra fecha clave en la historia de las criptomonedas), un hacker encontró una vulnerabilidad en el código que le permitía acceder a los fondos de Ethereum de La DAO y drenar parte de ellos en algo llamado *"child DAO"*, sobre el que el hacker tenía potencialmente un control significativo.

Este hackeo marcó el inicio de las llamadas "Guerras DAO", una batalla por recuperar el Ether "robado" por el hacker. Desgraciadamente, esto no estaba teniendo éxito, por lo que la comunidad y los desarrolladores de Ethereum tuvieron una idea: podían cambiar el protocolo de Ethereum para ayudar a recuperar los fondos. Para algunos, esto fue muy controvertido. Se consideraba un rescate financiero o *bailout*, algo a lo que muchos miembros de la comunidad se oponían. Parte de la razón por la que muchos se unieron al espacio de las criptomonedas fue que querían evitar un sistema con rescates financieros, como los de los bancos en 2008 y 2009. Después de todo, ¿por qué se eligió a La DAO? ¿Por qué se rescató este proyecto cuando muchos inversores en proyectos más pequeños y contratos inteligentes en Ethereum habían perdido dinero antes? Quizás La DAO era "demasiado grande para quebrar" o quizás se debió al propio interés de los desarrolladores y miembros influyentes de la comunidad Ethereum, que tenían el control sobre el protocolo y que habían invertido grandes sumas de dinero en La DAO. Para muchos, estos problemas parecían un reflejo de la corrupción y otros problemas del sistema financiero tradicional del que querían escapar.

El 24 de junio de 2016, se propuso que Ethereum llevara a cabo un *softfork* para congelar los fondos de los hackers.[3] Unos cuatro días después, se descubrió que esta propuesta de *softfork* era defectuosa y que potencialmente expondría a la red a ataques críticos de denegación de servicio. En consecuencia, se abandonó el *softfork* y se decidió que la única forma de recuperar los fondos era un *hardfork*. Este es un giro bastante notable de los acontecimientos, justo cuando bitcoin estaba en medio de una guerra. Con Bitcoin Classic todavía en el horizonte como posible *hardfork* polémico, Ethereum estaba planeando su propio *hardfork* polémico. La guerra del tamaño de bloque de bitcoin se detuvo durante unos meses, ya que todo el mundo se centró en Ethereum. Para medir el nivel de apoyo al *hardfork*, hubo una votación de monedas: la gente podía votar con sus monedas si apoyaban o no el *hardfork*. La votación fue abrumadora, con más del 95% de apoyo al *hardfork*.[4] Sin embargo, hubo acusaciones de que la encuesta no era representativa, ya que fue impulsada principalmente por los que apoyaban el *hardfork* y los que se oponían podrían no haber votado. Además, la participación de los tenedores de Ethereum fue baja, quizá en torno al 6%.[5] También se preguntó a 79 mineros sobre sus opiniones y se dijo que más del 90% apoyaba el *hardfork*, una gran mayoría.

El *hardfork* estaba previsto para el miércoles 20 de julio de 2016. Para no perdérmelo, me tomé ese día y el siguiente en el trabajo. También compré una computadora nueva, para tener suficientes recursos locales para ejecutar ambos clientes de Ethereum: uno actualizado para el *hardfork*, y una versión más antigua. A medida que se acercaba la posible división, como un verdadero fanático de las criptomonedas, me senté en casa ejecutando ambos nodos, con muchas pestañas abiertas en sitios web que seguían los libros de órdenes de los *exchanges*, para ver los precios de Ethereum en directo a medida que se desarrollaban los acontecimientos. Yo, junto con muchos otros entusiastas de las criptomonedas, esperaba ansiosamente que la altura de los bloques de Ethereum alcanzara los 1.920.000 y que se produjera el *hardfork*.[6]

Inicialmente, el *hardfork* pareció realizarse con éxito. La cadena de reglas actualizadas se amplió, mientras que la cadena con las reglas originales no tenía ningún bloque. Algunos de los *big blockers* ya empezaron a declarar la victoria y a afirmar que esto era una lección para bitcoin: un *hardfork* polémico no causa una división, proclamaron. Alrededor de una hora después de la bifurcación, la cadena de las reglas originales empezó a extenderse. Entonces, a medida que la dificultad se ajustaba a la baja (un ajuste mucho más rápido que en bitcoin) en la cadena original, esta empezó a extenderse a un ritmo más rápido. Mientras que inicialmente la cadena del *hardfork* parecía tener alrededor del 98% del *hashrate*, el equilibrio empezó a cambiar y la cadena original empezó a ganar impulso, alcanzando quizás entre el 5% y el 10% del *hashrate*. La cadena original necesitaba entonces un nombre. Bueno, ya existía Bitcoin Classic, así que ¿por qué no llamarla Ethereum Classic?

Unos tres días después de la división, los *exchanges* empezaron a cotizar Ethereum Classic. Poloniex, uno de los principales *exchanges* de monedas alternativas del momento, incluyó Ethereum Classic el 23 de julio de 2016.[7] El precio de Ethereum Classic comenzó entonces a aumentar en el *exchange*. Según recuerdo, comenzó a cotizar en torno al 2% del valor de Ethereum y alcanzó su punto máximo el 25 de julio a más del 50% del precio de Ethereum. Ethereum Classic estaba demostrando ser extremadamente volátil. Es más, los mineros seguían el precio. No es exactamente una correlación perfecta, pero a medida que aumentaba el precio de Ethereum Classic, más mineros lo minaban para obtener las mayores recompensas por bloque. Los *small blockers* empezaron entonces a argumentar que la situación era más compleja de lo que habían argumentado los *big blockers*: quizá los mineros no definían el protocolo, sino que seguían a comerciantes e inversores para maximizar sus ganancias.

A medida que el precio de Ethereum Classic aumentaba, ganaba más y más impulso. Los mineros, al parecer, sólo querían seguir al dinero. Fue entonces cuando mucha gente empezó a darse cuenta de que un *hardfork* y una división polémica no sólo tenían que ver con dos cuestiones, el *hashrate* y la informática, sino también con los mercados financieros. Este tipo de acontecimiento era una oportunidad para los especuladores financieros y los operadores, que podían comerciar entre las monedas.

Uno de los personajes clave en el espacio que apoyaba Ethereum Classic era Barry Silbert. Barry no era un *small blocker*; parecía que estaba comprando Ethereum Classic puramente para intentar ganar dinero.

> *Compré mi primera moneda digital que no es bitcoin... Ethereum Classic (ETC). A 0,50 dólares, el riesgo/rendimiento me pareció correcto. Y estoy filosóficamente a bordo.*[8]

Barry había fundado Digital Currency Group un año antes y era uno de los mayores inversores del sector. Barry también era muy conocido en la comunidad por haber ganado la subasta para comprar los bitcoin que las autoridades estadounidenses habían confiscado en el mercado de la *darknet*, Silk Road. Barry aparecerá más adelante en esta historia. Sin embargo, por ahora parecía estar ayudando inadvertidamente al bando de los bloques pequeños.

No había peligro de que Ethereum Classic ganara demasiado impulso, superara a Ethereum en *hashrate* y provocara que todos los nodos *hardfork* se pasaran a la cadena Classic. Vitalik era demasiado listo para eso. El *hardfork* de Ethereum se estructuró de tal forma que tuviera un punto de control, una ruptura limpia, para que ambos lados de la división existieran sin importar qué cadena tenía más trabajo. Esto se denomina a veces "*wipeout protection*" y es algo que yo había aclarado cuidadosamente con los desarrolladores de Ethereum antes de la división. La decisión de Bitcoin Classic de no incluir la protección contra el borrado parecía ahora aún más ingenua.

Coinbase no incorporó soporte para Ethereum hasta el 21 de julio de 2016,[9] irónicamente justo un día después de la división. La empresa era partidaria de Bitcoin Classic y su consejero delegado, Brian Armstrong, creía que el *hardfork* de Ethereum tendría éxito sin una separación, presumiblemente porque el *hardfork* contaba con un fuerte apoyo de los mineros. Como resultado de esta creencia, Coinbase parecía no tomar las medidas adecuadas para salvaguardar los fondos de los clientes en caso de que este juicio resultara ser falso. Coinbase era, por tanto, vulnerable a lo que se denomina "ataque de *replay*". En los primeros días tras la división, al retirar Ethereum de Coinbase, existía la posibilidad de que Coinbase enviara dos versiones de esta transacción: una en Ethereum y otra en Ethereum Classic. En contraste con esto, los homólogos de Coinbase, como Kraken y Poloniex, habían tomado medidas para dividir sus monedas y evitar esto. Algunos operadores sofisticados del sector pudieron aprovecharse de este descuido de Coinbase. Podían dividir ellos mismos sus monedas en Ethereum Classic y Ethereum, y luego depositar el Ether en Coinbase. Sin operar, el Ether podía ser retirado de Coinbase, y el operador esperaba que se replicara y le enviaran Ethereum Classic gratis. En aquel momento hablé con varias personas que afirmaban haber realizado con éxito esta "operación", obteniendo ganancias significativas. Finalmente, Coinbase descubrió el error, implementó algún tipo de protección contra replicaciones y cubrió las pérdidas con sus propios fondos.

En cuanto a las guerras DAO, debido al *hardfork*, la recuperación de los fondos "robados" del lado Ethereum de la división fue un éxito. En cuanto a los fondos "robados" en el lado Classic de la división, esto fue más complicado, y las guerras DAO continuaron. También hubo otras cuestiones, como quién debería obtener los *tokens* DAO recuperados en el lado Classic de la división, dentro de los diversos contenedores y DAO hijas, pero esto está más allá del alcance de nuestra historia.

A finales de julio de 2016, se organizó otra reunión entre mineros y desarrolladores de bitcoin, esta vez en California. Deseosos de evitar la trampa de ser acusados de alcanzar de nuevo un acuerdo a puerta cerrada, se exigió a todos los participantes que firmaran la siguiente declaración para poder asistir:

> *Los participantes reconocen que, dado que las reglas de consenso de bitcoin las deciden los usuarios en función del software que eligen ejecutar, los cambios propuestos deben debatirse en público con las opiniones de toda la comunidad bitcoin. Por estas razones, de este evento no saldrán acuerdos ni mesas redondas de consenso.*[10]

Hay que tener en cuenta que yo no estuve presente en esta reunión. Sin embargo, Bryan Bishop, desarrollador de bitcoin, ha proporcionado las notas de la reunión.[11] Bryan hizo un trabajo excepcional transcribiendo muchos de los acontecimientos y discusiones de la guerra de bloques. Al evento de tres días asistió Jihan Wu, que había volado a EE.UU. para reunirse con los desarrolladores. La transcripción no atribuye comentarios a nombres concretos, pero para quienes estén familiarizados con los protagonistas del espacio, en muchos casos es posible determinar quién es el orador. El momento de la reunión no fue casual: estaba prevista para finales de julio, justo cuando debía liberarse el código del *hardfork*, según el acuerdo de Hong Kong.

En esta reunión, el impacto de la división de Ethereum en el posible *hardfork* de bitcoin era evidente, y gran parte del debate giró en torno a las lecciones que se podían aprender. Los participantes afirmaban ahora que era casi inevitable que un *hardfork* provocara una separación:

> *Debido a esta división en Ethereum, se sienta un precedente para bitcoin sobre el posible futuro de los hardforks. Para bitcoin, un hardfork sólo puede tener dos opciones. Un lado debe aceptar múltiples cadenas, múltiples ataques desde múltiples vectores, o simplemente nos quedamos en la cadena principal y tratamos de*

matar a las bifurcaciones y las cadenas minoritarias. Sólo puede haber dos posibilidades.

Posteriormente, uno de los desarrolladores intentó explicar la situación y por qué no parecía probable que hubiera un hardfork a corto plazo, a pesar del acuerdo de Hong Kong:

Muchos de los que firmaron el acuerdo de [Hong Kong] pasaron una semana en [Nueva York]. Hicimos mucho trabajo de diseño. Hablamos de cómo construir correctamente un hard-fork. Hablamos de cómo hacerlo de forma que no tuviéramos los mismos riesgos que Ethereum ha experimentado recientemente. Hablamos en [Hong Kong] de lo importante que es para bitcoin permanecer unificado y de lo importante que es para el valor a largo plazo de bitcoin. En [Hong Kong], y en [Nueva York], no hay ningún deseo de hacer nada que pueda ser conflictivo. Necesitaríamos consenso en torno a cualquier tipo de hard-fork. Tendría que ser nada conflictivo. Si bien es cierto que gran parte de esa investigación y muchos de esos debates deberían estar más ampliamente disponibles, hay mucha preocupación ahora, incluso por parte de personas ajenas a esta sala, de que sería muy difícil conseguir ese nivel de consenso en torno a un hard-fork. Quería señalar que los hard-forks son muy disruptivos para los mercados. Son disruptivos para los comerciantes, para los mercados, para ecosistemas enteros. Tenemos que tener esto en cuenta. A menos que haya una razón de peso abrumadoramente justificada para hacer un hard-fork, los costos superan a los beneficios. Hemos estado buscando formas de resolver estos problemas en bitcoin sin tener un hard-fork.

Luke Dashjr, que era uno de los signatarios del acuerdo, explicó entonces que había cumplido su compromiso y había escrito algo de código para un posible *hardfork*.[12]

Uno de los desarrolladores presentes, que presumiblemente no estaba presente en Hong Kong, se disculpó por obstaculizar los esfuerzos de los desarrolladores por producir código para el *hardfork*. El individuo dijo que no le parecía apropiado trabajar en el *hardfork*, cuando algunos mineros estaban diciendo que bloquearían SegWit. Este individuo expresaba su preocupación de que un *hardfork* distrajera del aumento del tamaño de bloque en SegWit. También se quejó de los comentarios públicos sobre impedir SegWit para conseguir un *hardfork*, y de que esto era esencialmente una amenaza, una contribución a la tensión que dificultaba un *hardfork*.

> *Me gustaría disculparme con ustedes, y con los desarrolladores, por socavar sus esfuerzos para producir este material para ustedes en relación con sus compromisos. Lo hice porque sus esfuerzos en Nueva York se produjeron justo después de algunos comentarios públicos sobre el bloqueo de segwit en relación con un hardfork. En ese entorno, me sentí muy incómodo con las propuestas de hard-fork que ralentizaban el escalado de bitcoin a través de segwit. Lamento el clima que crearon mis comentarios. Lo siento por eso y por mis comentarios.*

A continuación hubo una respuesta a este comentario, presumiblemente de Jihan Wu, en la que destacaba perspicazmente la vorágine de mala comunicación en la que se habían metido ambas partes. Jihan insinuó entonces que él también se sentía amenazado y que, por consiguiente, las amenazas procedían de ambas partes.

> *Creo que debo aclarar esto. El bloqueo de Segwit también proviene de la [idea] de que no se respetaría el acuerdo [de Hong Kong]. Es una vorágine muy mala en la que nos hemos metido, en términos de mala comunicación. Quizá ninguna de las partes quiera hacer algo bajo presión. Quizá ninguna de las partes quiera sentirse amenazada.*

Después del acontecimiento, hablé con un conocido *small blocker* que estaba presente en la reunión. Me dijo que Jihan se había comprometido a ayudar a intentar activar SegWit una vez que se lanzara, y que los mineros estaban asustados por los acontecimientos en Ethereum y no querían intentar nada arriesgado. En cuanto al compromiso de activar SegWit, puede que haya habido demasiado optimismo y que Jihan haya tenido una versión diferente de los hechos. No es difícil imaginar que podría haber habido más problemas de comunicación.

La división de Ethereum fue un momento crucial en la guerra del tamaño de bloque, incluso más que la vergonzosa saga de Craig Wright. Entregó la iniciativa a los *small blockers*. Los mineros estaban ahora aterrorizados ante la posibilidad de que ocurriera algo similar en bitcoin. Antes de la división de Ethereum, los mineros estaban dispuestos a probar algo; ahora la opinión parecía haber cambiado. Ahora parecía improbable que Bitcoin Classic se activara a corto plazo. Irónicamente, aunque a la mayoría de los *small blockers* no les guste admitirlo, Ethereum puede haber salvado a bitcoin. Sin embargo, la guerra estaba lejos de terminar. La gente tenía poca memoria y las lecciones de Ethereum se irían desvaneciendo poco a poco.

NOTAS

1. https://www.reddit.com/r/btc/comments/4uocuq/congratulation_small_blockers_this_is_a_direct/
2. https://archive.is/76EZY
3. http://archive.is/7UUrY
4. https://futurism.com/the-dao-heist-undone-97-of-eth-holders-vote-for-the-hard-fork
5. https://medium.com/coinmonks/the-dao-is-history-or-is-it-47a6f457338a
6. http://archive.is/PaGgM
7. https://archive.is/xfvMY
8. https://twitter.com/BarrySilbert/status/757628841938472961
9. https://www.coinbase.com/blog/coinbase-adds-support-for-ethereum
10. https://www.coindesk.com/no-scaling-agreements-industry-bitcoin-meetup
11. https://diyhpl.us/wiki/transcripts/2016-july-bitcoin-developers-miners-meeting/cali2016/
12. https://github.com/luke-jr/bips/blob/bip-mmhf/bip-mmhf.mediawiki

1. 2. 3.

4. 5. 6.

7. 8. 9.

10. 11. 12.

CAPÍTULO 11

ESCALADO III - MILAN

La euforia en Ethereum había calmado un poco las cosas para bitcoin. Para los *small blockers*, un *hardfork* de tamaño de bloque estaba fuera de la agenda. La tercera conferencia de escalado de bitcoin tuvo lugar en Milán los días 8 y 9 de octubre de 2016. Los *small blockers* querían dejar atrás el debate sobre el tamaño de los bloques y seguir adelante; querían poner fin a la improductiva búsqueda de la quinta pata al gato y seguir adelante. Por lo tanto, la conferencia se centró en otras cuestiones relacionadas con el escalado, como la red Lightning y las firmas Schnorr. No hubo presentaciones sobre propuestas de límites de tamaño de bloque ni frenéticas carreras por el recinto de la conferencia en busca de los principales responsables o reuniones clave. En esta ocasión, el evento estuvo dominado por los *small blockers*, y hubo poco debate sobre el tamaño de bloque. La serie de conferencias se había transformado, pasando de una creada para resolver la crisis del tamaño de los bloques a una conferencia técnica sobre bitcoin.

Sin embargo, había un pequeño contingente de *big blockers* en el evento. Entre ellos se encontraban Roger Ver y un grupo de personas que apoyaban una propuesta alternativa de *hardfork*, llamada Bitcoin Unlimited. Con el fracaso de Bitcoin Classic, esta nueva implementación estaba empezando a ganar tracción como el principal cliente elegido por el bando *big blocker*. Esto se discutirá con más detalle en capítulos posteriores. Muchos de los representantes de este bando llevaban una camiseta personalizada que habían fabricado recientemente, con la inscripción *"Hard Fork Cafe"* escrita en la parte delantera.[1] Esto formaba parte de su campaña a favor de un *hardfork*. Hablé con varios *big blockers* en la conferencia, que estaban decepcionados porque no se les había permitido dar charlas en el evento. Hablaron de la parcialidad y unilateralidad de la conferencia.

Roger Ver, junto con otros *big blockers* como Jerry Chan y Jake Smith, habían organizado un evento social alternativo para la noche del sábado de la conferencia.[2] El evento se llamaba "Free Speech Party" (Fiesta de la libertad de expresión) y ofrecería comida y bebida gratis, así como camisetas gratis de *Hard Fork Cafe*. El evento también incluía discursos sobre temas que estaban prohibidos en la conferencia principal. Por lo que recuerdo, todos los mineros chinos de la conferencia de Milán asistieron a este evento de libre expresión, en lugar del evento social oficial. Tal vez esto suene poco importante y parezca inapropiado centrarse en estos actos sociales. Sin embargo, creo que ilustra el extremo sentimiento de frustración que sentían los *big blockers*. Se sentían ignorados y silenciados en una comunidad y un espacio que eran muy importantes para ellos. Habían perdido su voz y el sentido de pertenencia a bitcoin. Este acontecimiento social se sintió como un llanto por conseguir atención; los *big blockers* querían seguir siendo relevantes. Había una división social emergente en la comunidad y estaba claro de qué lado de la división estaban algunos de los mineros chinos, al menos los asociados con Jihan Wu.

El día después de la conferencia, el lunes, hubo una reunión más pequeña de desarrolladores de bitcoin en Milán. Esa tarde llegó al grupo un mensaje de Jihan en el que comunicaba que ya no tenía intención de manifestar su apoyo a SegWit, como al parecer había prometido en julio. Poco a poco empezaron a circular rumores sobre sus motivos. Se dijo que Jihan estaba decepcionado por la falta de debate sobre un *hardfork* en la conferencia, que tenía la sensación de que se había eliminado de la agenda, lo que no era en absoluto lo que él esperaba. También se dijo que a Jihan le decepcionó que los desarrolladores no le enviaran un coche a buscarlo al aeropuerto en la reunión de julio en EE.UU., lo que le pareció una falta de respeto. No estoy seguro de la veracidad de estos rumores, ya que los escuché de segunda y tercera mano a través de un grupo de *small blockers*. Estoy seguro de que los mensajes estaban un poco en contra de Jihan, pero probablemente había algo de verdad en ellos.

No fue hasta meses más tarde cuando supe más detalles sobre los acontecimientos de finales del verano de 2016, que pueden explicar más sobre esta decisión de los mineros. Jake Smith había hecho una gira por algunas de las mayores instalaciones mineras de China ese verano, incluida una reunión con Jihan Wu. En estas reuniones, supuestamente había convencido a Jihan y a algunos mineros para que no apoyaran SegWit. En ese momento, Jake estaba asociado con la empresa de Roger Ver, Bitcoin.com, y era un firme partidario de bloques más grandes. Antes de esto, había trabajado en Bitmain y, por lo tanto, tenía buenos vínculos con los mineros chinos. Era muy conocido dentro de la comunidad bitcoin china, ya que residía en Pekín. También hablaba chino con fluidez. Según el relato de una de sus reuniones con un minero simpatizante de la causa *small blocker*, Jake les informó de que no se debía confiar en Bitcoin Core y que SegWit era peligroso. Por supuesto, hay que tomar este relato con cautela, dada la fuente de la información. Este suceso no es más que otro ejemplo de las partes en este conflicto intentando presionar y relacionarse con los mineros chinos: desde Gavin y Mike en el verano de 2015, pasando por la conferencia de escalado en diciembre de 2015, el acuerdo de Hong Kong en febrero de 2016, la reunión de California en julio de 2016 y ahora la gira de Jake en agosto de 2016.

Después de Milán, regresé a Hong Kong y hablé con algunos mineros locales. Estaba claro que la opinión de los mineros había evolucionado. Antes, estaban frustrados por los mensajes confusos y contradictorios de los desarrolladores, y sólo querían una resolución fácil del conflicto. Sin embargo, a estas alturas, los llamados mineros chinos se estaban convirtiendo en parte de esta guerra. Empezaban a apreciar y comprender el conflicto y, por lo tanto, a tomar partido. El ejemplo más claro de esto era Jihan Wu, que ahora se estaba estableciendo como el principal actor en el bando *big blocker*, mientras que otros actores de la industria minera parecían adoptar una postura diferente, como el operador de F2pool Wang Chun. La influencia de Jihan Wu y Bitmain en el sector era considerable. Bitmain tenía granjas de minería, pools de minería y una cuota de mercado del 75% en la producción de equipos de minería. Por consiguiente, todos los operadores de granjas mineras que querían comprar equipos mineros a tiempo querían estar en buenos términos con Jihan. Esto significaría apoyar al bando de Jihan en la guerra del tamaño de bloque y, potencialmente, utilizar los pools de minería de Bitmain y mostrar su apoyo a Bitcoin Unlimited. También hubo rumores entre los *small blockers* de que Bitmain compraba cantidades innecesariamente grandes de algunos de los componentes utilizados en la maquinaria de minería, como condensadores, y pedía acuerdos de exclusividad a los proveedores. Bitmain también utilizaba las patentes para proteger su dominio del mercado, llegando incluso a demandar a su antiguo empleado Yang Zuoxing por crear una empresa rival y supuestamente violar una de las patentes de Bitmain.[3] Independientemente de que se consideren estas prácticas empresariales potencialmente anticompetitivas como poco éticas o totalmente legítimas, tuvieron un impacto en la guerra del tamaño de los bloques, asegurando que los mineros estuvieran mayoritariamente en el bando de los bloques grandes. También tuvieron un impacto en la solidificación del nivel de animosidad entre el creciente número de enemigos de Bitmain.

El 1 de noviembre de 2016, unas semanas después de la conferencia y tras varios retrasos, se publicó finalmente Bitcoin Core 0.13.1.[4] Esta versión incluía los parámetros de activación para el *softfork* SegWit. Por fin, los mineros podían actualizarse y señalizar que estaban preparados. Sin embargo, dadas las noticias de Jihan, el panorama era muy incierto. Tras más de un año de lucha, y a pesar de que el campo de batalla y los personajes implicados eran muy diferentes, a medida que nos acercábamos al final de 2016, la guerra del tamaño de bloque continuaba.

NOTAS

1. https://archive.is/58wbk
2. https://news.bitcoin.com/roger-ver-free-speech-scaling-bitcoin/
3. https://www.coindesk.com/former-bitmain-chip-designer-seeks-to-revoke-mining-giants-patent
4. https://github.com/bitcoin/bitcoin/releases?after=v0.11.3

1.

2.

3.

4.

CAPÍTULO 12

BITCOIN UNLIMITED

Con Bitcoin Classic fracasando en su intento de ganar tracción, a finales del verano de 2016 los *big blockers* convergieron en un nuevo cliente con un *hardfork* para aumentar el tamaño de los bloques, llamado Bitcoin Unlimited. Uno podría pensar que esto simplemente eliminaría el límite de tamaño de bloque y permitiría que no haya límite en el tamaño de bloque. Si este hubiera sido el caso, Bitcoin Unlimited probablemente hubiese sido una propuesta mucho más exitosa. Sin embargo, cuando se analizaba Bitcoin Unlimited con más detalle, no sólo era muy compleja, sino que también tenía profundos defectos técnicos. Converger en una propuesta tan complicada y débil fue otro monumental error estratégico del bando *big blocker*. En los círculos *small blocker*, hubo alegría por este desarrollo, pero también un énfasis en mantenerlo en secreto, una estratagema diseñada para mantener a los *big blockers* asociados con este cliente débil. Bitcoin Unlimited no era sólo un cliente, sino también una organización formal, con miembros, estatutos, un presidente y votaciones de los miembros.

La idea clave detrás de Bitcoin Unlimited era que mineros y usuarios añadieran parámetros a sus clientes relacionados con el límite de tamaño de bloque. Estos son: i. Tamaño máximo de generación (MG) (sólo para mineros): un límite de tamaño de bloque local, que no sería excedido por un minero produciendo un bloque; ii. Tamaño de bloque excesivo (EB): este es el tamaño de un bloque que un nodo y un minero aceptarán; y iii. Profundidad de aceptación (AD): es el número de confirmaciones que requiere un bloque antes de que un nodo lo acepte, aunque sea mayor que EB. Los detractores de esta propuesta afirmaban que si cada uno fijaba sus propias reglas, la red no convergería. Esta propuesta diverge de la característica central de consenso de bitcoin: que los mineros construyan sobre la cadena válida con más trabajo. No sólo se desvía de esto, sino que introduce el concepto AD, donde los mineros podrían primero intentar construir en una cadena válida más corta, sin embargo, si pierden la carrera, podrían entonces saltar hacia adelante varios bloques a una cadena más larga, ahora repentinamente válida. Bitcoin Unlimited no tenía una metodología de activación como XT o Classic; simplemente se asumía que de alguna manera se convertía en el nuevo bitcoin cuando los mineros se actualizaran. Por lo tanto, fue considerada por muchos como una propuesta más extrema que sus predecesoras.

Deseoso de saber más sobre Bitcoin Unlimited, a principios de diciembre de 2016 asistí a un acto promocional de Bitcoin Unlimited en Shenzhen (China). En el evento y en la gira promocional intervinieron Roger Ver, un entusiasta promotor de Bitcoin Unlimited; Jake Smith; varios empleados de Bitcoin.com; miembros de la organización de Bitcoin Unlimited; algunos de los desarrolladores de Bitcoin Unlimited; y Haipo Yang, director ejecutivo del pool de minería ViaBTC.

El orador de la apertura fue Roger Ver y se dispuso de traducción al chino. Habló de forma muy clara y persuasiva, exponiendo los siguientes puntos:

- Fue la primera persona en invertir en *startups* de bitcoin;

- Desde 2009, cuando se lanzó bitcoin, hasta 2015, los bloques no estaban llenos y las transacciones eran baratas. Bitcoin Core tiene una estrategia deliberada de bloques completos, lo que supone un gran cambio económico;

- Las bajas tarifas de transacción habían hecho que bitcoin tuviera éxito hasta ese momento;

- La intención siempre fue aumentar el límite de tamaño de bloque y esto fue declarado explícitamente por todos, pero ahora han aparecido nuevas personas que lo impiden;

- Hay una censura generalizada en Reddit y las propuestas para aumentar el límite de tamaño de bloque no se pueden discutir. Bitcoin Core, por tanto, no quiere que la gente decida por sí misma;

- Bitcoin Core entiende de código informático, pero no de código económico;

- Bitcoin Core quiere que bitcoin sea una red de liquidación interbancaria con altas comisiones; Satoshi quería que bitcoin fuera dinero electrónico P2P, el título del *white paper*;

- Hay *altcoins* esperando agazapadas y, si el tamaño de bloque no aumenta, estas monedas se apoderarán del efecto de red de bitcoin, si bitcoin deja de ser fácil y cómodo de usar.

Había visto a Roger exponer muchos de estos puntos antes. La inquietud y insistencia con la que Roger podía repetir estos mensajes una y otra vez, por todo el mundo, era notable. Roger parecía tener un alto grado de convicción y era claramente muy eficaz y convincente en sus mensajes. Roger era un defensor implacable y prolífico del bando *big blocker*.

Roger terminó su discurso diciendo que los mineros y usuarios deberían cambiar de Bitcoin Core a Bitcoin Unlimited. Sin embargo, nunca entró en detalles sobre los nuevos mecanismos que existían en Bitcoin Unlimited. Unos días más tarde, hubo un evento de Bitcoin Unlimited con una estructura similar en Hong Kong. Recuerdo que pensé en lo vergonzoso que era que Roger estuviera centrando toda su energía en este conflicto interno, en lugar de promocionar el espacio a personas de fuera y a nuevos comerciantes como había hecho en el pasado.

El siguiente orador en Shenzhen fue Jerry Chan. Jerry habló de la idea de consenso emergente (CE), que es la idea de que las reglas del sistema son emergentes y no impuestas de arriba abajo por los desarrolladores. El EC es un sistema diseñado para hacer frente a la preocupación de que si los mineros y los nodos establecen sus propias reglas, todos se desviarán hacia cadenas diferentes. Con este modelo, explicó, los mineros son libres de fijar ellos mismos el límite del tamaño de los bloques y, gracias al sistema EC, todos convergerían en una cadena. Jerry dio varios ejemplos de este proceso en la naturaleza:

> *Las cosas se organizarán solas. Así es la naturaleza. Las moléculas de agua se organizan en copos de nieve, por qué, no es por Dios, es porque las moléculas de agua están dispuestas de tal manera que se alinean de forma hexagonal y forman algo parecido a los copos de nieve. Pájaros, ¿alguien enseña a un pájaro a seguir al de delante? No. Pueden quedarse literalmente dormidos mientras vuelan cientos de kilómetros y aun así no se*

estrellarán. Core les hará creer que ocurrirá algo malo si dejan que los mineros o la gente decidan las cosas. Bajo el consenso emergente surgirá de forma natural un límite de bloques.[1]

Por supuesto, la caracterización de Jerry de que las reglas actuales de bitcoin fueron impuestas desde arriba por Bitcoin Core, era una tergiversación de cómo los *small blockers* veían el sistema. Desde la cosmovision *small blocker*, las reglas vienen determinadas por los nodos que los usuarios ya gestionan. Estas reglas son muy rígidas y cambiarlas requiere un acuerdo generalizado en toda la comunidad. Los *big blockers* nunca parecieron capaces de articular con precisión este punto de vista, o bien porque no lo entendían, o bien porque no era un argumento tan convincente a favor de sus propuestas.

En cuanto a la opinión de que, en la naturaleza, muchos sistemas parecen converger o tener estructura, sin tal planificación o acuerdo sobre las reglas, no estaba claro hasta qué punto esto era relevante para bitcoin. Por el momento, bitcoin ya tenía mucho éxito; la red llevaba siete años funcionando razonablemente bien, superando cualquier problema. Esto parece haber generado cierto grado de complacencia en la comunidad, con personas que tienen una visión demasiado optimista de la solidez del sistema. Cuando se les preguntaba sobre algunas de las debilidades potenciales de Bitcoin Unlimited, sus partidarios solían decir que bitcoin era antifrágil y que siempre funcionaría. El argumento de que Bitcoin Unlimited era robusto porque bitcoin era tan fuerte, que era casi imposible hacerle algo malo o incorrecto a bitcoin, me parecía increíblemente débil.

Además de los tres parámetros, Bitcoin Unlimited también tenía algo llamado "sticky gate". Si se superaba el umbral de AD de un nodo, este aceptaba bloques de cualquier tamaño durante un periodo de 24 horas. El razonamiento aquí era evitar que un nodo se quedara atascado AD bloques detrás de la punta, después de un aumento de tamaño de bloque cuando se produjo una cadena de bloques más grandes. Una consecuencia inadvertida, irónica y perversa de esto es que un nuevo aumento del límite de tamaño de bloque dentro de las 24 horas podría hacer que los clientes con un límite de tamaño de bloque inferior (EB) siguieran la cadena de bloques más grandes, y que los clientes con un límite mayor se quedaran en una cadena de bloques más pequeños. Parecía como si Bitcoin Unlimited hubiera sido mal construido y los escenarios no hubieran sido pensados. Esto indicaba lo desesperados que estaban los partidarios de los bloques grandes.

Bitcoin Unlimited tenía varios fallos más, entre ellos el llamado *"median EB attack"*. Dado que EB era esencialmente una regla de consenso, y el parámetro EB elegido por los mineros se incluía en sus bloques, los atacantes podían ver la distribución de los valores EB en la red. Esto podría permitir a un minero hostil elegir el valor EB mediano, por ejemplo, para dividir la cadena y el *hashrate* de minería en dos grupos de tamaño arbitrario. Esto parecía ser una debilidad crítica. Cuando se les preguntaba al respecto, los partidarios de Bitcoin Unlimited solían argumentar que los mineros no son estúpidos y que no permitirían que esto sucediera. A veces también afirmaban que, para evitarlo, mineros y usuarios convergerían en el mismo valor EB. Sin embargo, si mineros y usuarios convergen todos en el mismo valor EB para evitar una división, esto parecía razonablemente similar al modelo de seguridad defendido por los *small blockers*, de convergencia en un conjunto de reglas. Para aumentar el límite de tamaño de bloque en Bitcoin Unlimited, tendría que haber una transición de los parámetros de EB a un valor mayor y entonces se abriría esta vulnerabilidad.

Bitcoin Unlimited también introdujo otros cambios en el software, no directamente relacionados con el límite de tamaño de bloque. Los desarrolladores de Bitcoin Unlimited habían creado una tecnología para propagar los bloques más rápidamente, llamada xThin, en contraste con un sistema similar en Bitcoin Core llamado *compact blocks*. También había otras ideas en proyecto, como la validación paralela de bloques y las transacciones flexibles. Las transacciones flexibles eran un nuevo formato de transacción, similar a SegWit, que también solucionaría la maleabilidad de las transacciones. El plan consistía en prohibir por completo las transacciones antiguas (es decir, un límite de tamaño de bloque cero para las transacciones antiguas) y obligar a todos los usuarios a adoptar el nuevo formato de transacción. Se trataba, irónicamente, de una versión mucho más agresiva de SegWit, a la que se oponían los desarrolladores de Bitcoin Unlimited. En esencia, SegWit mantenía el antiguo límite de 1 MB para las transacciones antiguas y añadía más espacio de bloques para las nuevas transacciones.

Por lo tanto, parece que muchas de estas características y propuestas no estaban impulsadas por la conveniencia técnica en absoluto. En su lugar, se trataba de cultura, ego y el deseo de participar en bitcoin. La mayoría de los *big blockers* simplemente odiaban a los *small blockers* y a los desarrolladores de Bitcoin Core. Odiaban la percepción que tenían de que el grupo de *small blockers* controlaba bitcoin, y querían formar parte de bitcoin. Debido a este deseo de estar más involucrados, Bitcoin Unlimited amplió sus objetivos más allá de un simple aumento del límite de tamaño de bloque y cubrió una variedad de áreas. Esto finalmente resultó ser un error y conduciría a la caída de Bitcoin Unlimited. Una vez finalizada la guerra del tamaño de bloque, algunos miembros de la comunidad de Bitcoin Unlimited acabaron reconociendo estos errores.

> *En la época en la que BU era el grupo de big blockers con más ímpetu, varios de nosotros pensábamos que BU debería centrarse primero en un simple aumento del tamaño de bloque sobre Core, en lugar de intentar que toda la comunidad adoptara un complicado algoritmo de tamaño de bloque ("Consenso Emergente"). También queríamos que BU dejara de intentar implementar su propia versión de bloques débiles por el momento. La cuestión crítica era aumentar el tamaño de los bloques y separarse de Core con las menores distracciones posibles. La insistencia de BU en añadir un montón de código complejo en lugar de centrarse en la simplicidad fue contraproducente, ya que el código de BU tenía varios errores que provocaban el colapso de los nodos. Esto dio a la comunidad bitcoin en general la impresión de que no se podía confiar en los desarrolladores de BU para escribir código sólido o para escalar adecuadamente sus ambiciones a sus habilidades de programación / testing.*[2]

Otro miembro de la comunidad comentó:

> *En retrospectiva, EC ha sido un gran error.*

Sorprendentemente, a pesar de todas estas vulnerabilidades potenciales de seguridad, Bitcoin Unlimited contó con el apoyo de todo el bando *big blocker*, desde Brian Armstrong en Coinbase, hasta Gavin, Jihan Wu y Roger Ver. Ninguna de estas personas parecía particularmente interesada en los matices y los nuevos parámetros implicados. Sólo querían bloques más grandes. Bitcoin Unlimited también estaba ganando el apoyo de los pools de minería, incluyendo ViaBTC, GBMiners y BTC.TOP, mientras que la adopción de nodos también parecía ir en aumento. El primer pool en apoyarlo fue ViaBTC, un pool de minería que había recibido inversiones de Bitmain y que parecía estar en gran parte bajo el control de Jihan Wu. También se creía que el pool BTC.TOP estaba controlado por Bitmain. A principios de 2017, entre el 15% y el 20% del *hashrate* de bitcoin mostraba su apoyo a Bitcoin Unlimited. Bitmain también operaba directamente pools, como Antpool, que empezó a señalizar a favor de Bitcoin Unlimited en marzo de 2017. Esto aumentó el apoyo a Bitcoin Unlimited entre los mineros hasta el rango del 45% al 55%, un nivel en el que se mantuvo durante la mayor parte de 2017.

Varios desarrolladores de bitcoin y *small blockers* acusaron a algunos mineros de falsificar votos en apoyo de Bitcoin Unlimited. Acusaron a los operadores del pool de cambiar la configuración del pool para añadir datos relacionados con Bitcoin Unlimited a los bloques, a pesar de seguir utilizando Bitcoin Core para producir los bloques. Pudieron determinar esto mirando las transacciones en los bloques, que parecían haber sido seleccionadas utilizando un nuevo algoritmo en Bitcoin Core, que Bitcoin Unlimited no había implementado. Estos aparentes "votos falsos" se denominaron en ocasiones *flags* falsas. Algunos *small blockers*, que consideraban malo al propio Bitcoin Unlimited, veían estas *flags* falsas como un comportamiento malicioso más. Se suponía que la señalización de los mineros sobre las reglas de consenso que estaban aplicando era un mecanismo para garantizar actualizaciones fluidas de las reglas del protocolo. La señalización falsa se consideraba un enfoque que hacía más peligrosas las actualizaciones. En realidad, el *false flagging* a favor de Bitcoin Unlimited puede considerarse un ataque a Bitcoin Unlimited, ya que podría causar una activación fallida. Los *big blockers* no parecían apreciar esto y reaccionaron con excitación a medida que aumentaba el soporte de *hashrate* para Bitcoin Unlimited. Para ellos, esto estaba creando un impulso considerable. Las *flags* de los mineros eran un mensaje político importante, tanto si los votos eran falsos como si no.

El 30 de enero de 2017, un minero que ejecutaba Bitcoin Unlimited produjo un bloque de más de 1 MB.[3] Este puede haber sido el primer bloque producido, con suficiente prueba de trabajo, de más de 1 MB. Probablemente se trató de algún tipo de error o accidente, ya que no hubo coordinación aparente detrás de esto. Los nodos bitcoin de toda la red rechazaron el bloque como inválido, lo que fue un ejemplo, según los *small blockers*, de por qué se necesitaba el acuerdo de los usuarios antes de realizar un *hardfork*. Los *big blockers*, como Roger Ver, trataron de esconder este incidente bajo la alfombra, alegando que los bloques caducados ocurren todo el tiempo, sin aceptar que este bloque no solo era caducado, sino inválido.

En marzo de 2017, se produjo un evento que causó un daño significativo a la reputación de Bitcoin Unlimited. El número de nodos accesibles de Bitcoin Unlimited cayó en picada de forma repentina.

> *Según nodecounter, las cosas estaban bien alrededor de las 6 PM GMT, cuando había 776 nodos. Rápidamente se redujo a 696 nodos a las 7 PM GMT. Se tocó fondo a las 11 de la noche, con 182 nodos. A las 9 AM GMT del día siguiente, la situación había vuelto a la normalidad, con 626 nodos. No creo que sea muy exacto decir que BU reaccionó anormalmente rápido, o que el 100% de los nodos volvieron.*[4]

Lo que ocurrió fue que se introdujo un *bug* de DoS crítico en el elemento xThin del código de Bitcoin Unlimited, que no tenía nada que ver con el límite de tamaño de bloque. Esto había sido explotado, causando la caída de casi todos los nodos de Bitcoin Unlimited. Este problema fue destacado por los *small blockers*, que ayudaron a llamar la atención sobre el fallo a muchos medios de comunicación de criptomonedas. La caída del nodo también puso al proyecto bajo un mayor escrutinio por parte de la comunidad de *big blockers*. Muchos pensaban que se trataba de un cliente genérico de bloques más grandes, pero ahora se hacían preguntas más críticas, como: ¿qué es esta organización y por qué hay un presidente? ¿Por qué cambian aspectos del código no relacionados con el tamaño de los bloques? ¿Para qué sirve el parámetro AD? ¿Existen otros errores críticos?

Bitcoin Unlimited nunca se recuperó del todo del incidente de marzo de 2017. El error en sí no era realmente tan grave, sin embargo los *small blockers* capitalizaron con éxito el fallo, lo que llamó la atención sobre otros fallos de Bitcoin Unlimited. La saga de Bitcoin Unlimited fue uno de los peores periodos de la guerra para los *big blockers*, y uno que probablemente preferirían olvidar. Para el deleite de los *small blockers*, se habían dejado llevar por el ego, la ira y la frustración para apoyar a un cliente mal concebido. Una vez más, tras el abandono de Bitcoin Unlimited, casi no hubo arrepentimiento por parte de ninguno de los *big blockers*. Ninguno de ellos pareció asumir la responsabilidad, o considerar por qué impulsar un cliente con tantas vulnerabilidades posibles era peligroso y potencialmente destructivo para bitcoin.

En marzo de 2017, la tensión en la comunidad había aumentado aún más. La atención se centró en la idea de que los *big blockers* se pasarían a Bitcoin Unlimited y atacarían la cadena original, de bloques más pequeños , minando bloques vacíos y dejando huérfanos los bloques con transacciones. Esta estrategia acabaría con la cadena original. Jihan incluso había discutido públicamente la idea de atacar bitcoin:

Puede que no sea necesario atacarlo. Pero atacarlo siempre es una opción.[5]

Gavin también había dicho algo parecido:

Impedir a una bifurcación minoritaria confirmar cualquier transacción es una buena idea. Consenso Nakomoto != unanimidad.[6]

Meni Rosenfeld, uno de los primeros bitcoiners que se había mantenido al margen de la guerra por el tamaño de bloque, describió la situación de la siguiente manera:

Gavin Andresen, Peter Rizun y Jihan Wu han discutido favorablemente la posibilidad de que una cadena de hashrate mayoritaria ataque a la minoritaria (mediante minería selectiva y DoS de bloques vacíos).

Esto es una vergüenza y va en contra de todo lo que bitcoin representa. Bitcoin es dinero voluntario. La gente lo usa porque lo elige, no porque se la obligue.

Básicamente están diciendo que si algunos de nosotros queremos usar una moneda especificada por el actual protocolo Bitcoin Core, está bien lanzar un ataque para obligarnos a usar su dinero en su lugar. Bueno, no, no está bien, es vergonzoso y una falta total de ética. Incluso si lo consiguen, lo que obtendrán será dinero fiat y no bitcoin.

La verdadera diversidad genética sólo puede obtenerse con múltiples protocolos coexistiendo uno al lado del otro, compitiendo y evolucionando hacia la versión más fuerte posible de bitcoin.

Esto trasciende el debate concreto sobre los méritos de BU frente a Core.[7]

Esto supuso un claro cambio de tono por parte de los *big blockers*. Antes afirmaban que no habría división ni una cadena de bloques más pequeños, mientras que ahora hablaban de atacar activamente una cadena de este tipo. A principios de abril, mantuve una conversación con uno de los principales socios de Jihan en Hong Kong. Me informó de que los *big blockers* habían asignado un presupuesto de 100 millones de dólares para atacar la cadena de bloques más pequeños. El plan consistía en gastar ese dinero en energía, minar bloques vacíos en la cadena de bloques más pequeños y dejar huérfanos los bloques con transacciones. Así se "mataría la cadena", proclamó. Le pregunté por qué quería matar la cadena de bloques más pequeños, y me explicó que los *small blockers* habían "paralizado bitcoin durante años y que esto era lo que se merecían". Incluso contemplar la posibilidad de gastar 100 millones de dólares sólo para vengarse de los oponentes en la guerra ilustra realmente la magnitud del lío en el que nos encontrábamos en este punto del conflicto. ¿Qué ocurre una vez gastados los 100 millones de dólares? pregunté. ¿No podrían entonces los *small blockers* revivir su cadena? Parecía que no había una respuesta contundente a esta pregunta. Tras una larga pausa, proclamó que tal vez intentarían recaudar más dinero y volverían a atacar.

A medida que transcurría 2017 y la guerra entraba en su 18º mes, la angustia de ambos bandos no hacía más que aumentar. Jihan y la mayoría de los pools de minería seguían sin señalizar el apoyo a SegWit, y el objetivo del 95% parecía casi imposible de alcanzar. Los *big blockers* veían la activación de SegWit como una derrota para su bando y el bloqueo de SegWit era un medio de control crucial del que disponían. Esta era la única carta importante que les quedaba a los *big blockers*, y no la soltarían. Esto causó frustración entre los *small blockers*, pero hay que recordar que ellos eran los pacientes, los que miraban décadas hacia delante. Para los *big blockers*, la espera era mucho más dolorosa. Este dolor explica en gran medida las amenazas de atacar la cadena de bloques más pequeños.

NOTAS

1. https://www.youtube.com/watch?v=nAqos76JONw

2. https://bitco.in/forum/threads/gold-collapsing-bitcoin-up.16/page-1163#post-61450

3. https://twitter.com/lopp/status/825877348096548866

4. https://bitcoin.stackexchange.com/questions/52154/what-was-the-timeline-of-the-bitcoin-unlimited-hack-as-of-2017-march-and-where-w

5. https://www.forbes.com/sites/laurashin/2017/03/21/is-this-massive-power-struggle-about-to-blow-up-bitcoin/#326e7aa17325

6. https://twitter.com/gavinandresen/status/827904756525981697

7. https://www.reddit.com/r/Bitcoin/comments/6181y2/attacking_a_minority_hashrate_chain_stands/

1.

2.

3.

4.

5.

6.

7.

CAPÍTULO 13

EXCHANGES

En el año que ha durado la guerra, el panorama industrial del ecosistema de las criptomonedas había cambiado considerablemente. El cambio más significativo fue la aparición y el crecimiento de varios *exchanges* de criptomonedas, cuyo éxito se vio impulsado por la considerable demanda del mercado minorista en la región de Asia y el Pacífico. Empresas como Poloniex, BitMEX y, quizá la más significativa de todas, Bitfinex. Bitfinex era probablemente la empresa más importante del sector en aquel momento, en lo que respecta a la formación de precios. Mientras que las empresas con sede en EE.UU. respaldadas por Silicon Valley, como Coinbase, eran firmes *big blockers*, la opinión de estos nuevos actores era en gran medida indecisa. Por lo tanto, fue una oportunidad para que ambas partes del conflicto hablaran con estas empresas y ejercieran presión sobre ellas. En general, es justo decir que los *small blockers* hicieron un mejor trabajo aquí que sus adversarios, aunque la experiencia de Ethereum en 2016 fue probablemente más significativa que cualquier otra cosa en términos de cambio de opiniones. Al no haberse involucrado previamente en esta guerra, estos *exchanges* fueron más pragmáticos y parecieron convencerse de los méritos de los argumentos a favor de los bloques más pequeños.

El 17 de marzo de 2017, otra fecha importante en esta saga, varios *exchanges* importantes, incluidos Bitfinex, Kraken y Bitstamp, asestaron un duro golpe a Bitcoin Unlimited. Emitieron un anuncio conjunto, indicando que no considerarían Bitcoin Unlimited como bitcoin, aunque tuviera la mayoría de potencia de *hashing*. También afirmaron que "cualquier implementación que rompa el consenso" requiere protección contra replicaciones.

Dado que parece probable que veamos un *hardfork* iniciado por el proyecto Bitcoin Unlimited, hemos decidido designar la bifurcación de Bitcoin Unlimited como BTU (o XBU). La implementación de Bitcoin Core continuará operando como BTC (o XBT) y todas las plataformas procesarán depósitos y retiradas en BTC incluso si la cadena BTU tiene más potencia de *hashing*. Algunos *exchanges* tienen la intención de listar BTU y todos intentaremos tomar medidas para preservar y permitir el acceso a los *tokens* BTU de los clientes. Sin embargo, ninguno de los que firman este documento puede listar BTU a menos que podamos ejecutar ambas cadenas de forma independiente sin incidentes. En consecuencia, insistimos en que la comunidad Bitcoin Unlimited (o cualquier otra implementación que rompa el consenso) construya una fuerte protección contra replicaciones bidireccionales.[1]

Esta postura fue seguida finalmente por otras importantes plataformas de *trading*. Poloniex declaró que:

> *Como mínimo, cualquier nueva bifurcación debe incluir protección contra replicaciones.*[2]

El mismo día, BitMEX hizo lo propio, adoptando una postura similar.

> *Existen dudas significativas de que un hard fork de Bitcoin Unlimited (BU) pueda realizarse de forma segura sin trabajo de desarrollo adicional. En el caso de una bifurcación, apoyamos el plan propuesto por Bitfinex, Bitstamp, BTCC et al. No será posible para ninguna plataforma, incluyendo BitMEX, soportar ambas cadenas por separado. Por estas razones, BU no será cotizada ni utilizada como moneda de depósito/retiro hasta que se implemente la protección contra replicaciones y BU no corra el riesgo de una reorganización de la blockchain si la cadena Core se hace más larga.*[3]

Estas plataformas de *trading* ya habían dejado clara su postura. Considerarían Bitcoin Unlimited como una moneda alternativa, no bitcoin. Además, habían aprendido la lección de Ethereum Classic; Bitcoin Unlimited ni siquiera sería compatible con sus plataformas si no añadían protección contra replicaciones. Al leer estas declaraciones, parecía que los *small blockers* habían ayudado a instigar o redactar estos comentarios. Los *big blockers* ya habían intentado este tipo de truco en 2015 con Bitcoin XT, y ahora sus adversarios también estaban jugando a este juego.

En cuanto a la protección contra replicaciones, los *exchanges* pedían que el formato de transacción cambiara en la nueva moneda. Esto garantizaría que las mismas transacciones no se replicaran en ambas cadenas tras la división. Esto ayudaría a las plataformas a cumplir con sus obligaciones como custodios y proteger los activos de sus clientes.

Cabe señalar aquí que el ecosistema de *trading* de criptomonedas había evolucionado considerablemente desde 2015. Ahora consistía en mucho más que simples mercados al contado. Bitfinex, por ejemplo, no era un simple *exchange*; la empresa ofrecía toda una gama de servicios, desde operaciones apalancadas con bitcoin, contratos de futuros y derivados de criptomonedas, hasta préstamos de bitcoin y mercados de deuda. Cuando se consideran las implicaciones financieras de una ruptura de la cadena o un *hardfork*, las cosas se complican considerablemente. Por ejemplo, si has tomado prestada una moneda antes de la división, ¿tendrás que devolver la deuda en ambas monedas? ¿Y si en el momento de la división tenías abierta una posición larga en bitcoin? ¿Ahora tendrías abierta una posición larga en ambas monedas o en una sola? Estas dinámicas, con razón, hicieron que algunas plataformas de *trading* se preocuparan aún más por una posible división. Su modelo de negocio funcionaba 24 horas al día, 7 días a la semana, por lo que no podían simplemente cerrar y dejar que las cosas se solucionaran por sí solas. Los *small blockers* parecían entender algunas de estas dinámicas, hasta cierto punto, y fueron capaces de explotar estas características de estos modelos de negocio, para ayudar a ganar más apoyo para su causa.

El 18 de marzo de 2017, un día después del anuncio del *exchange*, Bitfinex tomó otra decisión histórica, que tuvo un impacto duradero e instrumental en la guerra del tamaño de bloque. Bitfinex listó contratos de futuros para Bitcoin Unlimited frente a Bitcoin Core.[4] Los contratos de futuros expiraban a finales de 2017. La plataforma Bitfinex permitió a los usuarios dividir sus bitcoin en dos *tokens* que existían en la plataforma Bitfinex, BCC (que representa Bitcoin Core) y BTU (que representa Bitcoin Unlimited). Estos dos *tokens* se podían intercambiar libremente por bitcoin en la plataforma Bitfinex. Por fin los inversores tenían libertad para expresar su opinión con algo en juego. En el pasado, existían sitios web de votación de monedas, donde la gente hacía comentarios polémicos sobre la guerra del tamaño de bloque y los poseedores de bitcoin podían firmar estos mensajes con la clave pública vinculada a una dirección de bitcoin. Estos sitios web podían utilizarse para evaluar la opinión de los propietarios de bitcoin, pero no había nada en juego. Ahora, por fin había dinero real expuesto.

Esto supuso un cambio fundamental en la guerra: ahora estaba realmente monetizada, en lugar de ser un mero intercambio de palabras airadas. Algunos miembros de la comunidad *big blocker* siempre se habían sentido atrapados.

Creían que la mayoría económica estaba de su parte y que ganarían si se les daba libertad económica para expresar sus opiniones. "¡Que decida el mercado!", proclamaban a menudo. Ahora, por fin, al menos hasta cierto punto, teníamos un mercado. La mayoría de la gente tenía cosas positivas que decir al respecto y, en general, apoyaba a Bitfinex. El único inconveniente era que, para apostar sobre un resultado en esta situación, uno tenía que asumir el riesgo de custodia de Bitfinex durante unos nueve meses. En ese momento, el historial de Bitfinex distaba mucho de ser perfecto y la empresa había sufrido importantes hackeos en el pasado. Bitfinex llegaría a listar otros cuatro *tokens* de divisiones de la cadena en 2017 para otras propuestas de *hardfork*.

En cuanto al precio del *token* Bitcoin Unlimited, nunca alcanzó más del 20% del precio de bitcoin.[5] Comenzó a cotizar en el rango del 15% al 20%, antes de descender a alrededor del 3% a principios de mayo de 2017. A continuación, el precio de la moneda reflejó las idas y vueltas de la guerra del tamaño de bloque a medida que continuaba la batalla, repuntando a finales de mayo de 2017 y de nuevo a finales de agosto. También se produjeron algunos repuntes de carácter técnico: los operadores a veces necesitaban comprar el *token* del contrato de futuros de Bitcoin Unlimited para fusionarlo de nuevo con la parte de Bitcoin Core del contrato, de modo que pudieran combinar los dos *tokens* en bitcoin de nuevo, que luego podían retirar de Bitfinex. Por último, a finales de año, el *token* de Bitcoin Unlimited expiró sin valor, ya que no se produjo ninguna división de la cadena relacionada con Bitcoin Unlimited.

NOTAS

1. https://fs.bitcoinmagazine.com/assets/exchange_handling_of_contentious_hard_fork_event.pdf
2. https://archive.is/lS9JV
3. https://blog.bitmex.com/a-statement-on-the-possible-bitcoin-unlimited-hard-fork/
4. https://www.bitfinex.com/posts/195
5. https://coinmarketcap.com/currencies/bitcoin-unlimited/#markets

1. 2. 3.

4. 5.

CAPÍTULO 14

ASICBOOST

El miércoles 5 de abril de 2017 estalló otra bomba, esta vez por parte de los *small blockers*. Fue en forma de un email de Gregory Maxwell a la lista de correo de desarrolladores de bitcoin. No vamos a entrar demasiado en los detalles aquí, ya que es altamente técnico. La idea principal detrás de la acusación de Gregory era que las razones declaradas por Bitmain y Jihan para oponerse a SegWit eran, de hecho, mentiras. Bitmain tenía supuestamente una agenda secreta: la compañía había descubierto una optimización secreta de la minería, un atajo para la prueba de trabajo, que no funcionaría si los bloques contenían transacciones SegWit. La razón de la oposición a SegWit era, por tanto, financiera, para proteger la rentabilidad de Bitmain, en lugar de las razones declaradas de complejidad o de conservar el poder para conseguir un *hardfork*. Si era cierto que Bitmain había sido deshonesto hasta este punto, se podría argumentar que Bitmain era un actor malicioso cuando se trataba del protocolo bitcoin.

El correo electrónico de Gregory se proporciona a continuación.

> *Hace un mes explicaba el ataque al hashcash SHA2 de bitcoin del que se aprovecha ASICBOOST y los distintos pasos que podrían utilizarse para bloquearlo en la red si se convirtiera en un problema.*
>
> *Aunque la mayor parte de la discusión sobre ASICBOOST se ha centrado en el método explícito de implementarlo, también existe un método encubierto para utilizarlo.*
>
> *Mientras explicaba uno de los enfoques para inhibir ASICBOOST encubierto me di cuenta de que mis palabras estaban describiendo prácticamente también la estructura de compromisos de SegWit.*

Los autores de la propuesta SegWit hicieron un esfuerzo específico para no ser incompatibles con ningún sistema de minería y, en particular, cambiaron el diseño en un momento dado para dar cabida a chips de minería con direcciones de pago forzadas.

Si se hubiera sido consciente de la explotación de este ataque, se habría hecho un esfuerzo para evitar la incompatibilidad, simplemente para separar las preocupaciones. Pero los mejores métodos de implementar el ataque encubierto son significativamente incompatibles con prácticamente cualquier método de extender las capacidades de las transacciones de bitcoin; con la notable excepción de los bloques de extensión (que tienen sus propios problemas).

Una incompatibilidad explicaría en gran medida algunos de los comportamientos más inexplicables de algunas partes del ecosistema minero, así que empecé a buscar pruebas.

La ingeniería inversa de un chip minero en particular ha demostrado de forma concluyente que ASICBOOST se ha implementado en hardware.

En base a esto, ofrezco el siguiente borrador de BIP para su discusión. Esta propuesta no impide el ataque en general, sino que sólo inhibe las formas encubiertas del mismo que son incompatibles con las mejoras del protocolo bitcoin.

Espero que incluso aquellos de nosotros que preferiríamos firmemente que ASICBOOST fuera bloqueado completamente podamos unirnos para apoyar una medida de protección que separe las preocupaciones inhibiendo el uso encubierto del mismo que potencialmente bloquea las mejoras del protocolo.[1]

ASICBoost es una forma de reducir la cantidad de trabajo que debe realizar un equipo minero cuando intenta calcular un *hash* para la prueba de trabajo (PoW) de bitcoin. SHA256, que es el algoritmo de *hash* utilizado para el PoW de bitcoin, divide el encabezado del bloque en trozos de 64 bytes antes de que se produzcan los cálculos. El encabezado de un bloque de bitcoin tiene un tamaño de 80 bytes y, por lo tanto, se divide en dos trozos: trozo 1 y trozo 2. ASICBoost mantiene el valor de uno de los trozos igual en múltiples intentos de *hash*. Por lo tanto, el equipo minero sólo tiene que hacer un trabajo parcial para este trozo en los múltiples intentos de *hashing*, lo que se traduce en un aumento significativo de la eficiencia, que puede rondar el 20%. Timo Hanke publicó por primera vez en marzo de 2016 un artículo en el que se describe este sistema.[2]

Había dos formas de conseguirlo: de forma manifiesta, manipulando el área de bits de versión de los encabezados de los bloques de bitcoin en el fragmento 1 para crear entropía mientras el fragmento 2 permanecía estático durante múltiples intentos de *hashing*; o de forma encubierta. El ASICBoost encubierto es mucho más complejo y consiste en manipular las transacciones de bitcoin para encontrar una colisión en los últimos cuatro bytes de la raíz Merkle de las transacciones. La raíz Merkle se divide en ambos fragmentos, con los últimos cuatro bytes en el fragmento 2. Por lo tanto, este método encubierto también mantiene el trozo 2 estático para múltiples intentos. Esta manipulación encubierta puede producirse alterando el orden de las transacciones en el bloque. La actualización de SegWit requiere que los mineros se comprometan con la estructura de transacciones en otra parte del bloque, lo que hace que este tipo de manipulación sea casi imposible. Por lo tanto, SegWit impide inadvertidamente el ASICBoost encubierto.

Todavía había bastante incertidumbre respecto a la afirmación de Gregory de que "la ingeniería inversa de un chip minero en particular ha demostrado de forma concluyente que ASICBOOST se ha implementado en hardware". Aunque la mayoría de los *small blockers* parecían creer la afirmación, no me quedaba claro que hubiera pruebas suficientes para respaldarla. Quizás los *small blockers* estaban tan convencidos de que SegWit era una buena idea, y de que no había buenas razones para que Bitmain se opusiera a ella, que llegaron a la conclusión inapropiada de que las intenciones de Bitmain debían ser infames. Esta acusación encajaba muy bien en esa narrativa, explicando el comportamiento de Bitmain, y por esa razón la mayoría de los *small blockers* parecían creerla. Por supuesto, una explicación alternativa del comportamiento de Jihan, que también parece muy posible, era que era un *big blocker* extremo, expuesto a la narrativa de su bando. También era una explicación válida de su oposición a SegWit.

Dos días después de la acusación, Bitmain publicó un largo y confuso comunicado negando la acusación:

> *Bitmain ha probado ASICBOOST en la Testnet pero nunca ha utilizado ASICBOOST en la mainnet como se da a entender en*

la propuesta de Gregory Maxwell. Pedimos pruebas concluyentes a quien afirme que esto es falso porque tales afirmaciones infundadas son tóxicas para el espacio bitcoin.

...

Bitmain posee la patente de ASICBOOST en China. Podemos utilizarlo legalmente en nuestras propias granjas de minería en China para obtener ganancias y vender los contratos de minería en la nube al público.

...

Los equipos de minería de bitcoin se deprecian rápidamente. Bitmain ha estado constantemente introduciendo nuevos modelos de mineros más eficientes para todos. Por lo tanto, la afirmación de que el despliegue de ASICBOOST, que puede conducir a una diferencia del 20% en la eficiencia energética, es algún tipo de desarrollo negativo para el modelo de negocio de Bitmain es falsa.

...

SegWit no está funcionando en producción porque no se han cumplido las condiciones establecidas en el acuerdo de Hong Kong.

...

La reciente propuesta de Gregory Maxwell sugiere cambiar la colisión de 2^{32} por la de 2^{64} para dificultar ASICBOOST. El resultado de esto sería una pérdida para los propietarios de la patente y el protocolo bitcoin. Los propietarios de las patentes no obtendrían nada y el protocolo bitcoin se complicaría.

...

La comunidad bitcoin sufrió una grave desgracia cuando Maxwell lideró el golpe contra Gavin Andresen y le quitó el permiso de commit en Github. Ahora nos corresponde a nosotros, como comunidad, encontrar un nuevo grupo de desarrolladores que no se dedique a atacar a uno de los mayores inversores de bitcoin (Ver), a uno de sus mayores exchanges (Coinbase) y a su mayor proveedor de equipos de minería (Bitmain).[3]

Lo primero que hay que destacar es que, a pesar de negarlo, Bitmain parece haber admitido el uso de lo que presumiblemente era ASICBoost encubierto en la red de pruebas y, por lo tanto, probablemente estaba implementado en su hardware. Antes de este comunicado, no estaba seguro de la veracidad de las acusaciones. Irónicamente, en mi opinión, la naturaleza del comunicado aumentaba en gran medida la probabilidad de que la acusación fuera cierta. Bitmain llegó incluso a afirmar que poseía la patente de ASICBoost en China y que podía utilizarla legalmente si quería, antes de defender la tecnología como una optimización legítima de la minería. Una política de comunicación mucho más eficaz habría sido una negación simple y clara, en lugar de defender ASICBoost en el hipotético escenario de que Bitmain lo estuviera utilizando. La negación, por tanto, debilitó la posición de Bitmain y fue citada por los *small blockers* como prueba del comportamiento perverso. Incluso si Bitmain no estaba utilizando ASICBoost encubierto en ese momento, tenían la intención potencial de hacerlo y, por lo tanto, el espíritu de la acusación de Gregory parecía algo acertado: Bitmain era deshonesta en su oposición a SegWit. Puede que todo fuera por el dinero.

Sin embargo, también es posible una explicación más sencilla. Tal vez Bitmain simplemente no supiera comunicarse adecuadamente en inglés, y este podría ser el motivo por el que el comunicado de negación fuera tan débil. También hay una cultura combativa de argumentar cada punto en esta guerra. Puede que Bitmain dijera que no estaban haciendo ASICBoost encubierto, pero aunque así fuera, ¿y qué? No es imposible que Bitmain quisiera aclarar este punto, incluso si la compañía no estaba llevando a cabo ASICBoost. El comunicado también reafirmaba la posición de Bitmain en la guerra del tamaño de bloque, que no ejecutarían SegWit ya que no se habían cumplido las condiciones del acuerdo de Hong Kong. Por supuesto, para los *small blockers*, nunca se pretendió que fuera un quid pro quo.

Sorprendentemente, Gavin incluso llegó a defender a Bitmain, basándose en la suposición de que la empresa estaba llevando a cabo ASICBoost encubierto, argumentando que se trataba de una optimización de minería legítima utilizando el software de bitcoin.

> *No está bien que Ethereum cambie sus reglas para deshacer un robo, pero sí que bitcoin cambie las reglas para impedir una optimización?*[4]

Sin embargo, Gavin parecía no entender la cuestión. La cuestión no era que el ASICBoost encubierto fuera ilegítimo, sino que la oposición de Bitmain a SegWit se basaba en la deshonestidad y que, en la guerra del tamaño de bloque, una de las partes principales estaba motivada por intenciones deshonestas. Si Bitmain hubiera sido transparente y se hubiera opuesto abiertamente a SegWit por este motivo, la historia habría sido diferente.

Más o menos al mismo tiempo que el escándalo ASICBoost, varios *big blockers* habían estado proponiendo bloques de extensión como una idea alternativa a SegWit; una forma de aumentar el límite de tamaño de bloque a través de un *softfork*. Esta propuesta fue realizada por Andrew Lee en el blog Purse.io, una empresa asociada al bando *big blocker*.[5] Este plan fue incluso apoyado por Roger Ver,[6] y Bitmain también pareció apoyar la idea.[7] Los bloques de extensión fueron propuestos originalmente por el coautor de SegWit Johnson Lau en 2013, sin embargo, la idea fue abandonada en gran medida ya que la experiencia de enviar monedas desde el bloque de extensión a la cadena principal no era fluida. En cambio, con SegWit, este proceso era sencillo.

Lo notable aquí fue que los *big blockers* parecían estar de acuerdo en una propuesta que tenía muchas de las supuestas deficiencias de SegWit, en el sentido de que era muy compleja y no un simple aumento del límite de tamaño de bloque. Sin embargo, lo que parecía ser importante para ellos era que esta idea no había sido desarrollada por Bitcoin Core. A esta altura, desarrollar sus propias ideas y sentirse libres de Bitcoin Core parecía ser la cuestión más importante para los *big blockers*, no un aumento del límite de tamaño de bloque en sí mismo.

Los bloques de extensión eran una forma de conseguir un aumento del límite del tamaño de bloque mediante un *softfork* y mantener la capacidad de realizar ASICBoost encubiertos. Para los *small blockers*, esta propuesta era una prueba más de la culpabilidad de Bitmain. Estos también acusaron a Bitmain de financiar esta reciente campaña de bloques de extensión,[8] otra prueba de la culpabilidad de Bitmain sobre ASICBoost. Al igual que los *big blockers* no querían adoptar nada implementado por Bitcoin Core, los *small blockers* parecían tener un sesgo similar, y el hecho de que esta propuesta de bloques de extensión fuera promovida y financiada por Bitmain, aseguraba que se opusieran a ella.

La patente de ASICBoost se consideró una amenaza importante para bitcoin. Es posible que una entidad minera adquiera la patente, reclame derechos exclusivos para usar la tecnología y luego domine la industria minera debido a la ventaja que la tecnología podría proporcionar. Para ayudar a aliviar esta preocupación, se dice que varios bitcoiners compraron la patente por un precio bastante alto y luego, en marzo de 2018, colocaron la patente en un fondo común de patentes defensivas, de tal manera que la patente nunca podría ser utilizada excepto para defenderse de otras patentes.[9] Desde alrededor de abril de 2018, los bloques en la *blockchain* de bitcoin comenzaron a indicar el uso de ASICboost manifiesto.[10] ASICBoost manifiesto es mucho más simple y más eficiente que el formato encubierto y también evita el problema de ser incompatible con SegWit. En noviembre de 2018, Bitmain adoptó ASICBoost manifiesto en su firmware y, a día de hoy, más del 70% de los bloques de bitcoin se minan utilizando ASICBoost manifiesto. En cuanto a la patente, nunca quedó claro exactamente quién compró la patente, ni se pudo rastrear fácilmente la titularidad desde el inventor hasta quien supuestamente puso la patente en la promesa de patente defensiva. Por lo tanto, lo que realmente ocurrió aquí fue un poco turbio.

Incluso hoy en día, no estoy seguro de si Bitmain estaba utilizando ASICBoost encubierto en la red principal o no. Los expertos tienen opiniones encontradas al respecto. Creo que las probabilidades rondan el 50:50.

La acusación de ASICBoost pareció tener muy poco impacto en la comunidad *big blocker*. En general, no entendieron la acusación y la descartaron como más propaganda y mentiras de Bitcoin Core. La acusación también tuvo muy poco impacto a la hora de persuadir a más gente a unirse al bando *small blocker*, en gran parte debido a la complejidad de la acusación. Sin embargo, sí tuvo un impacto muy significativo en el endurecimiento de las opiniones de muchos de los *small blockers*, que ahora consideraban la situación mucho más urgente. En este caso, la polémica del ASICBoost desempeñó un papel significativo y monumental en el conflicto. Los *small blockers* parecían ahora decididos a pasar a la acción.

NOTAS

1. https://lists.linuxfoundation.org/pipermail/bitcoin-dev/2017-April /013996.html
2. https://blog.bitmex.com/wp-content/uploads/2017/09/AsicBoost Whitepaperrev5.pdf
3. https://blog.bitmain.com/en/regarding-recent-allegations-smear-campaigns/
4. https://twitter.com/gavinandresen/status/849795178491719681
5. https://blog.purse.io/ready-for-liftoff-a5533f4deob6
6. https://twitter.com/rogerkver/status/849253217321967621
7. https://coinjournal.net/news/bitmain-co-ceo-micree-zhan-prefers-bitcoin-unlimited-over-segwit-for-now/
8. https://medium.com/@WhalePanda/the-extended-extension-block-story-5bc3d888bdde
9. https://bitcoinmagazine.com/articles/there-bitcoin-patent-war-going-initiative-could-end-it
10. https://asicboost.dance/

1.

2.

3.

4.

5.

6.

7.

8.

9.

10.

CAPÍTULO 15

LA GUARIDA DE LOS DRAGONES

El 6 de abril de 2017, el coautor del *whitepaper* de la red Lightning, Joseph Poon, mencionó un canal secreto de *small blockers*, donde se toman muchas de las decisiones de relaciones públicas:

> *Simplemente tienen un canal secreto donde organizan sus campañas de relaciones públicas y de trolling. Mucha gente ha hablado de ello (más de 5 personas) y se alude a él en varios lugares de acceso público, ya que es básicamente donde se toman muchas decisiones en materia de comunicación.*
>
> *Me molesta enormemente que me ataquen por acudir a la prensa cuando ellos participan en tácticas mucho más turbias, y todo el Core sabe perfectamente lo que hacen si no es que ya contribuyen activamente.*
>
> *Creo que la comunidad BU hace cosas similares en su slack. Lo que me molesta es más bien que miembros destacados de Core me ataquen por ello y presupongan mala voluntad. Es muy personal. Como si me presentaran como una especie de vendido, pero probablemente soy el que menos dinero ha ganado con bitcoin en comparación con todos los miembros destacados de la comunidad. Me parece increíblemente insultante.*[1]

Al día siguiente, los *big blockers* descubrieron una presentación en vídeo de Bram Cohen,[2] el inventor de Bittorrent, que se realizó en enero de 2017.[3]

Durante la presentación, accidentalmente apareció en pantalla un canal de Slack llamado "dragonsden", un canal del Slack de Bitcoin Core. Se trataba de un canal privado que contaba con 21 miembros. En la pantalla, era posible identificar a algunos miembros, que los *big blockers* percibían como conocidos trolls *small blockers*, incluidos algunos de los moderadores del subreddit de bitcoin. Para los *big blockers*, esto era un gran escándalo, una prueba de coordinación del lado *small blocker*, un vínculo entre el subreddit de bitcoin, Bitcoin Core y una campaña de propaganda. También es probable que los *big blockers* tuvieran canales secretos de comunicación y coordinación centrados en las relaciones públicas. Esta era la naturaleza política de la situación: el conflicto había evolucionado hasta un punto en el que dichos canales de comunicación eran necesarios. Para mí, había una cosa clara que sacar de este "escándalo": simplemente tenía que entrar a este canal secreto. Unas semanas más tarde, después de preguntar un poco, ¡estaba dentro! Entré en las profundidades de la Guarida de los Dragones.

El canal era muy activo y estaba totalmente centrado en la guerra del tamaño de bloque. La mayor parte de la conversación giró en torno a las redes sociales, las relaciones públicas y la mejor forma de exponer los puntos débiles de las narrativas y argumentos esgrimidos por los *big blockers*. Muchos participantes en el canal parecían muy comprometidos con la causa. El debate se centró a menudo en cómo convencer a varias personas para que se unieran al bando *small blocker*, quién era probable que se convirtiera y cuáles serían los temas más eficaces en los que centrarse en las redes sociales. También se debatió sobre los memes y su producción. Esta guerra era también una guerra de memes, y los "Dragones", como se llamaba a veces a los miembros del canal, estaban muy implicados en la producción de memes. Muchos de estos memes eran humorísticos, diseñados para hacer aparecer a los *big blockers* como si tuvieran una débil comprensión de algunas de las cuestiones técnicas de bitcoin, siendo Roger Ver, Craig Wright y Jihan Wu el principal foco de atención. Otra estrategia fue vincular a Roger Ver con Craig Wright, aunque, para ser justos, Roger no les complicó demasiado la vida en este caso.[4]

Lo que realmente me impresionó de la Guarida fue la intensidad del debate, al menos a principios de 2017. El canal estaba activo 24 horas al día, siete días a la semana. No importaba la hora del día, algo estaba pasando en la guerra del tamaño de bloque.

En cuanto a si las tácticas empleadas por los Dragones fueron siempre totalmente éticas, es algo que se puede cuestionar. Por supuesto, ambos bandos se acusaban mutuamente de utilizar tácticas deshonestas. Las acusaciones solían ser tóxicas, secretas, maliciosas, deshonestas y manipuladoras. Sin embargo, irónicamente, lo que me pareció evidente es que los métodos y tácticas utilizados por cada una de las partes en el conflicto eran muy similares, incluso se podría decir que idénticos. Ninguno de los bandos tenía un historial perfecto en cuanto a integridad en esta guerra, y quizá fuera hipócrita que cualquiera de ellos señalara al otro por ser especialmente malo o poco ético. Aunque hubo algunas acciones dentro de la Guarida que fueron un poco traviesas, no fue nada demasiado siniestro. Ciertamente, no había pruebas de que se produjera nada ilegal por parte de ninguno de los bandos en este conflicto, excepto quizás los ataques DDoS, aunque no vi pruebas de que esto se planeara en la Guarida.

NOTAS

1. https://www.reddit.com/r/btc/comments/63q68x/comment/dfwebqk/
2. https://telegra.ph/Inside-the-Dragons-Den-Bitcoin-Cores-Troll-Army-04-07
3. https://www.youtube.com/watch?v=aYGoNxoG7yw&t=868
4. https://ramonquesada.com/english/i-dont-think-craig-is-a-scammer-roger-ver/

1.   2.

3.   4.

CAPÍTULO 16

LITECOIN

Una estrategia discutida en la Guarida de los Dragones en este periodo fue la activación de SegWit en Litecoin, una moneda alternativa, a menudo considerada como un pariente cercano de bitcoin. Esto mostraría a los mineros que SegWit funciona y demostraría que muchas de las deficiencias de SegWit propagadas por los *big blockers*, como las debilidades de seguridad, eran en realidad tonterías. El cliente con el *softfork* de SegWit fue liberado el 12 de enero de 2017,[1] en la versión 0.13.2.1 de Litecoin. A diferencia de bitcoin, que tenía un umbral de activación del 95%, Litecoin tenía un umbral de activación de mineros del 75%. Litecoin tenía las mismas ventanas de activación deslizantes de dos semanas, seguidas de un periodo de gracia de dos semanas. La mayoría de las notas de la versión para este cliente fueron escritas por un desarrollador de bitcoin pseudónimo llamado "Shaolinfry", y gran parte del código para SegWit fue producido por los desarrolladores de bitcoin. Era probable que Shaolinfry fuera un miembro de la Guarida de los Dragones; sin embargo, incluso dentro de la Guarida, no se conocía con certeza la verdadera identidad de esta persona. Charlie Lee había fundado Litecoin y parecía identificarse como un *small blocker*. Al mismo tiempo, la comunidad Litecoin parecía apoyar con entusiasmo la activación de SegWit, ya que era una oportunidad para ellos de implementar una nueva tecnología antes que bitcoin, lo que se consideraba muy positivo.

El apoyo a SegWit entre los mineros de Litecoin fue aumentando gradualmente, aunque seguía siendo bajo y no se sabía con certeza si se produciría la activación. Alrededor del 9 de abril de 2017, hubo una campaña para un *softfork* activado por usuarios (UASF según sus siglas en inglés) en Litecoin, para forzar la activación de SegWit.[2] La fuerza impulsora de la campaña fue la frustración de los usuarios con la falta de progreso de los mineros. La idea aquí era que, en lugar de tener un umbral de activación de los mineros, los usuarios podrían ejecutar un cliente que simplemente activara las nuevas reglas en un momento determinado en el futuro, independientemente del estado de señalización de los mineros. En este punto, la campaña consistía principalmente en que los usuarios añadieran una *flag* "UASF-Segwit-BIP148" al agente de usuario de su cliente Litecoin, de forma que este mensaje fuera visible en la red. No activaba nada en absoluto, sino que simplemente indicaba la intención de los usuarios.

Bitcoin había utilizado esta metodología de activación en el pasado, durante la era de Satoshi, sin embargo bitcoin cambió a la señalización de mineros con el fin de reducir las posibilidades de cualquier división de la cadena o problemas en la activación. Me pareció que, mientras que el uso de esta metodología de activación en bitcoin podría ser arriesgado, especialmente para una actualización controversial como SegWit, en Litecoin esto podría ser bastante fácil. El apoyo a SegWit entre los usuarios era casi universal, y Litecoin incluso tenía un fundador que era activo en el espacio y apoyaba la actualización. La propuesta de *softfork* UASF parecía estar funcionando; los mineros habían captado el mensaje y la señalización de SegWit en Litecoin empezó a aumentar. La activación ahora parecía inminente.

Sin embargo, alrededor del 17 de abril de 2017, el *hashrate* de Litecoin se disparó.[3] Este nuevo *hashrate* no estaba señalizando la activación de SegWit y parecía estar bloqueando la activación. Esto parecía una estrategia deliberada de los mineros. El *hashrate* procedía de los pools LTC1BTC y LTC.TOP, controlados por Jiang Zhuoer, que en general se consideraba un apoderado de Jihan Wu. El 19 de abril de 2017, Jiang Zhuoer publicó un blog explicando su posición:

> *Aunque tengo mis reservas sobre Segwit (soy un HODLER de Litecoin), si es el camino a seguir más ampliamente aceptado, entonces no me opongo a él. Pero me opongo firmemente a las tácticas utilizadas por los partidarios de Segwit, en concreto el UASF (DASF) y prueba-de-DDoS, para impulsar su activación. Si los partidarios de estas tácticas son validados al ver que tienen éxito en Litecoin, entonces tanto bitcoin como Litecoin se convierten en sistemas vulnerables propensos a la manipulación criminal. Debido a esto, estoy añadiendo suficiente hashrate a mi pool para asegurar lo siguiente:*
>
> - *Garantizar que Segwit no se active por prueba-de-DDoS.*

- *Que la comunidad Litecoin espere hasta la visita de Charlie Lee a China para tomar juntos esta decisión.*[4]

Ahora parecía como si las guerras por el escalado de bitcoin se hubieran trasladado a Litecoin, con argumentos casi calcados. Durante este periodo, hablé directamente con Jiang Zhuoer. Me explicó que no quería SegWit en Litecoin, sin que Litecoin también tuviera un aumento de tamaño de bloque a través de un *hardfork*. Sin embargo, esto no parecía lógico porque, a diferencia de bitcoin, Litecoin no tenía bloques llenos en absoluto. Jiang me explicó que se trataba del fundamento de la situación: los desarrolladores de Litecoin necesitaban "dejar claro que harían un *hardfork* cuando los bloques se llenaran", de lo contrario era el camino equivocado. Luego me explicó que activar SegWit en Litecoin era una "jugada de Bitcoin Core". Le preocupaba que, si SegWit se activaba en Litecoin, pudiera activarse también en bitcoin. También estaba especialmente enfadado por la propuesta del UASF, y que esto también se pudiera intentar en bitcoin. Según Jiang, un UASF va "en contra de los intereses de los mineros" y es "un acto hostil hacia los mineros". De esta conversación se desprende claramente que Jiang y algunos de los mineros estaban muy preocupados y casi temerosos ante la perspectiva de un UASF, que eliminaría la idea de que los mineros tenían cierto grado de control sobre el protocolo.

Por supuesto, había cierto grado de verdad en lo que decía Jiang. Sabía por las conversaciones en la Guarida que los *small blockers* tenían la clara intención de utilizar la activación de SegWit en Litecoin para ayudar a su activación en bitcoin. Los *big blockers* lo habían detectado y ahora tenían que reorientar sus esfuerzos para detener SegWit en Litecoin. Por otro lado, estaba claro que la comunidad Litecoin real apoyaba firmemente la actualización, por lo que tal vez la acción de los *big blockers* aquí fue un poco inapropiada.

El 21 de abril de 2017, en un claro acto de copiar a bitcoin, se celebró en China una mesa redonda de Litecoin con la mayoría de los mineros y se publicó un acuerdo:

> *Abogamos por que la decisión de actualizar el protocolo Litecoin se tome basándose en las necesidades de los usuarios, a través del proceso de votación de la mesa redonda, y se active mediante la votación de los mineros.*
>
> ...

No abogamos por un "UASF" que no pase por ningún proceso de votación de los usuarios o de la comunidad. Este tipo de actualización forzada sin el consenso de la comunidad pone a Litecoin en riesgo de división.

...

Mediante un proceso de votación, los miembros participantes acuerdan por unanimidad el siguiente plan relativo a la actualización del protocolo Litecoin:

- *Implementar el softfork Segregated Witness en Litecoin.*
- *Cuando el uso de la capacidad de bloques de Litecoin supere el 50%, empezaremos a preparar una solución para aumentar el límite de tamaño de bloque de 1 MB mediante un hardfork o un softfork.*

Por último, queremos enfatizar que esta mesa redonda representa únicamente el consenso de los miembros participantes, y no puede tomar decisiones en nombre de la comunidad Litecoin.[5]

El acuerdo se comprometía a activar SegWit, pero también a empezar a prepararse para otro aumento del límite de tamaño de los bloques, una vez que éstos se llenaran al 50%. Esto parecía un ejercicio para proteger la reputación de los mineros: activarían SegWit, pero se asegurarían otra vaga promesa para un posible *hardfork*. En realidad, los mineros pueden haberse visto obligados a activar SegWit debido a la amenaza de un UASF, que, en el caso de Litecoin, era muy real. El acuerdo de Hong Kong seguía siendo importante para Jihan, y esta era una forma de decir que seguían queriendo algo similar en bitcoin, SegWit y un aumento del límite de tamaño de bloque mediante un *hardfork*. Por supuesto, en bitcoin, los bloques ya estaban llenos en más de un 50%, por lo que el *hardfork* era necesario ahora.

El acuerdo también contenía varias contradicciones aparentes. Empezaba diciendo que las decisiones sobre el protocolo deberían tomarse en la reunión de la mesa redonda, pero la misma declaración decía después que el proceso de la reunión no puede tomar decisiones y que la comunidad Litecoin tiene el control. Esto parecía indicar que no todos los presentes en la reunión tenían la misma opinión sobre la gobernanza, y que las frases contradictorias se habían puesto para apaciguar a ambas partes. También dio una indicación de lo convencidos que estaban Jihan y algunos de los mineros de que eran ellos quienes controlaban las reglas del protocolo. Hablando con Jihan y Jiang durante este periodo, me dio la impresión de que poco a poco se iban dando cuenta de que los mineros no tenían el poder que una vez creyeron que tenían, lo que les resultaba muy frustrante y estaban desesperados por aferrarse a este concepto todo el tiempo que pudieran.

Con mucha expectación, Litecoin activó SegWit en mayo de 2017. El precio de Litecoin entonces subió bruscamente: en parte debido a la emoción sobre SegWit; en parte debido a una estrategia de algunos *small blockers* para comprar Litecoin con el fin de impulsar el precio y construir una narrativa positiva sobre SegWit; pero sobre todo debido a más fondos que fluían en el espacio a medida que comenzaba la burbuja de criptomonedas del 2017. Algunos de los Dragones empezaron entonces a difundir narrativas positivas sobre SegWit: que el precio de Litecoin aumentó y que las espurias predicciones catastrofistas de los *big blockers* eran mentira.

Este fue claramente un buen comienzo de 2017 para los *small blockers*. Habían logrado tres victorias seguidas: *exchanges*, ASICBoost y ahora Litecoin. Para el verano de 2017, el marcador del año era *small blockers* tres, *big blockers* cero. Esta guerra se trataba del impulso, y de la percepción del impulso; la mayoría de la gente solo quería seguir a la mayoría y respaldar al ganador. El impacto acumulativo de estas victorias fue decisivo. Los *small blockers* estaban en ascenso.

NOTAS

1. https://github.com/litecoin-project/litecoin/blob/v0.13.2.1/doc/release-notes
-litecoin.md

2. https://www.reddit.com/r/litecoin/comments/64ftul/supporting_segwit_on_ltc_by_uasf/

3. https://bitinfocharts.com/comparison/litecoin-hashrate.html

4. https://medium.com/@zhangsanbtc/why-i-am-still-not-voting-for-segwit
-37b0970f6919

5. https://medium.com/@Litecoinchina/litecoin-global-roundtable-resolution-001-2017-c67b729bc06d

1. 2. 3.

4. 5.

CAPÍTULO 17

SOFTFORK ACTIVADO POR USUARIOS

La idea de un UASF en bitcoin que resuelva el estancamiento actual y active SegWit parece haberse originado también por el desarrollador pseudónimo Shaolinfry, en un email enviado a la lista de correo de bitcoin el 25 de febrero de 2017:

> *El problema con la señalización de la potencia de hashing de la supermayoría es que atrae atención innecesaria a los mineros, lo que puede volverlos innecesariamente políticos. Ya malinterpretado como un voto, los mineros pueden sentirse presionados para "tomar una decisión" en nombre de la comunidad: quién está y quién no está señalizando se convierte en un gran foco público y puede poner sobre los mineros una presión para la que no están preparados. Es posible que algunos mineros no estén en condiciones de actualizar o prefieran no participar en el soft fork, que es su derecho. Sin embargo, ese minero puede convertirse ahora en una razón aislada que vetará la activación para todos, ¡cuando el soft fork es una funcionalidad optativa! Esta situación parece ir en contra de la naturaleza voluntaria del sistema bitcoin, donde la participación a todos los niveles es voluntaria y se mantiene honesta mediante incentivos bien equilibrados.*
>
> ..

La alternativa que se discute aquí es la "activación por flag day", en la que los nodos comienzan a hacer cumplir las nuevas reglas en un momento predeterminado en el futuro. Este método requiere más tiempo que una activación basada en la potencia de hashing, pero ofrece una serie de ventajas y quizás una mejor compensación.[1]

El 12 de marzo de 2017, Shaolinfry formalizó su propuesta y se conoció como BIP 148. La idea era obligar a los mineros a señalizar el apoyo a SegWit mediante una regla de consenso, y así activarlo. En cierto modo, era un *softfork* para activar otro *softfork*. La señalización forzada de los mineros estaba prevista para el 1 de agosto de 2017, dentro de unos cuatro meses y medio. Esto podría entonces activar el *softfork* SegWit original, antes de que expirara la ventana de activación.

Motivación

Segwit aumenta el tamaño de los bloques, corrige la maleabilidad de las transacciones y facilita la actualización de los scripts, además de aportar muchas otras ventajas.

Se espera que los mineros respondan a este BIP activando segwit pronto, antes de que este BIP entre en vigor. De lo contrario, este BIP provocará la activación obligatoria de la implementación de segwit existente antes del final de la medianoche del 15 de noviembre de 2017.

Especificación

Todos los tiempos están especificados de acuerdo a la mediana del tiempo pasado.

Este BIP se activará entre la medianoche del 1 de agosto de 2017 (1501545600 tiempo Unix) y la medianoche del 15 de noviembre de 2017 (1510704000 tiempo Unix) si la implementación existente de segwit no está confirmada o activada antes del 1501545600 tiempo Unix. Este BIP dejará de estar activo cuando segwit esté bloqueado.

Mientras este BIP esté activo, todos los bloques deben establecer los 3 bits superiores del encabezado nVersion en 001 junto con

> *el campo de bits* (1«1) *(de acuerdo con la implementación de segwit existente). Los bloques que no señalicen lo requerido serán rechazados.*[2]

La idea era muy polémica y muy arriesgada desde el punto de vista de los *small blockers*. En primer lugar, la mayor parte de su narrativa hasta ese momento giraba en torno a la paciencia y a cambiar las reglas del consenso de forma tranquila y segura. Se trataba de una actualización peligrosa: requería que los mineros señalizaran su apoyo y, si no lo hacían, podría provocar una división de la cadena. En segundo lugar, era muy arriesgado porque, si el BIP 148 UASF fracasaba, lo que parecía muy posible, podría ceder la iniciativa a los *big blockers*. A esta altura de la guerra, estos se habían dividido en varias facciones: por ejemplo, entre los que creían que Craig Wright era Satoshi y los que pensaban que era un estafador; entre los que pensaban que Bitcoin Unlimited había sido una idea sólida y los que pensaban que era defectuosa; y entre los que se habían marchado para lanzar nuevas ofertas iniciales de criptomonedas y los que seguían centrados en bitcoin. Sin embargo, los *small blockers* se habían mantenido unidos hasta ese momento. Esta fue una fortaleza clave y les ayudó a ganar mucha tracción en la guerra. Esta controvertida jugada del bando *small blocker* corría el riesgo de dividirlos en dos, lo que podría haber sido devastador para su causa.

Por ejemplo, Gregory Maxwell, uno de los pensadores más influyentes del bando *small blocker*, se opuso al UASF y articuló claramente esta opinión en un email enviado el 14 de abril de 2017:

> *No apoyo el BIP148 UASF por algunas de las mismas razones por las que apoyo segwit: Bitcoin es valioso en parte porque tiene alta seguridad y estabilidad, segwit fue cuidadosamente diseñado para apoyar y amplificar esa integridad de ingeniería con la que la gente puede contar ahora y en el futuro.*
>
> *No creo que el (sic) enfoque propuesto en el BIP148 esté realmente a la altura del estándar establecido por el propio segwit, o de las mejores prácticas existentes en el desarrollo de protocolos en esta comunidad.*
>
> *El principal defecto de BIP148 es que al forzar la activación de los nodos (que no son UASF segwit) existentes, casi garantiza un mínimo nivel de disrupción.*

Segwit fue cuidadosamente diseñado para que los equipos mineros antiguos no modificados pudieran seguir operando _completamente_ sin interrupción tras la activación de segwit.

Los nodos antiguos no incluirán gastos segwit, por lo que sus bloques no serán inválidos aunque no tengan soporte segwit. Pueden actualizarse a segwit cuando lo deseen. El único riesgo que corren los mineros no participantes tras la activación de segwit es que si alguien mina un bloque inválido podría ampliarlo, un riesgo que muchos mineros ya corren con frecuencia con el spy-mining.

No creo que sea una propuesta horrible: está mejor diseñada que muchas cosas que hacen muchas altcoins, pero no está a la altura de nuestros estándares habituales. Respeto las motivaciones de los autores del BIP 148. Si su objetivo es la activación más rápida posible de segwit, entonces es muy útil explotar el >80% de nodos existentes que ya soportan la versión original de segwit.

Pero el soporte más rápido no debería ser nuestro objetivo, como comunidad - siempre hay alguna altcoin imprudente o sistema centralizado que puede soportar algo más rápido que nosotros - tratar de igualar eso sólo erosionaría nuestro valor distintivo de estar bien diseñados y ser estables.

"Primero no romper nada". Debemos utilizar los mecanismos menos disruptivos disponibles, y la propuesta BIP148 no cumple esa prueba. Al escuchar a algunas personas — que no son desarrolladores — en reddit y otros sitios algunos incluso ven la orfandad forzada de 148 como una virtud. Un castigo para los mineros que se portan mal. No (sic) podría estar más en desacuerdo con esa perspectiva.

Por supuesto, no me opongo al concepto general de un UASF pero _generalmente_ un soft-fork (de cualquier tipo) no necesita arriesgarse a interrumpir la minería, al igual que no lo hace la activación de segwit. Los UASF son el tipo original de soft-fork y fueron el único tipo de fork practicado por Satoshi. P2SH se activó basado en una fecha, y todos los anteriores se basaron en tiempos o alturas. Introdujimos la activación basada en mineros

> *como parte de un proceso para hacer bitcoin más estable en el caso común en el que todo el ecosistema está en armonía. Es un poco raro ver al UASF retratado como algo nuevo.*
>
> *Es importante que los usuarios no estén a merced de ninguna parte del ecosistema en la medida en que podamos evitarlo, ya sean desarrolladores, exchanges, foros de discusión o fabricantes de hardware de minería. En última instancia, las reglas de bitcoin funcionan porque son impuestas por los usuarios de forma colectiva — eso es lo que hace que bitcoin sea bitcoin, es lo que hace que sea algo con lo que la gente puede contar: las reglas no son fáciles de cambiar.*
>
> *Ha habido otras propuestas de UASF que evitan la disrupción forzada, simplemente definiendo un nuevo bit testigo y permitiendo a los mineros y nodos no actualizados a UASF continuar como no actualizados. Su despliegue sería más lento, pero no creo que eso sea un defecto.*
>
> *Debemos tener paciencia. Bitcoin es un sistema que debería durar para todas las épocas y potenciar a la humanidad durante mucho tiempo: dentro de diez años, un par de años de disputa parecerán nada. Pero la reputación que nos ganemos por nuestra estabilidad e integridad, por ser un sistema de dinero con el que la gente puede contar, lo significará todo.*
>
> *Si surgen estas discusiones, surgirán en forma de recordar a la gente que bitcoin no se cambia fácilmente por capricho, incluso cuando los caprichos son obviamente buenos, y cómo eso lo protege de ser gestionado como se gestionaban todos los sistemas de dinero competidores que el mundo solía utilizar. :)*
>
> *Así que tengan paciencia, no tomen atajos. Segwit es una buena mejora y deberíamos respetarla sabiendo que es lo suficientemente buena como para esperar, y para que como sea que se active se haga de la mejor manera que sepamos.*[3]

Uno de los primeros desarrolladores conocidos de bitcoin en apoyar el UASF fue Luke Dashjr, el desarrollador que descubrió cómo era posible hacer de SegWit un *softfork* en primer lugar. Luke realmente se jugó la vida en este caso, apoyando las reglas de consenso alternativas cuando casi nadie más lo hacía. Sin embargo, dada su personalidad, no era probable que esto le molestara, y no parecía hacerlo. Uno de los desarrolladores más respetados en el bando *small blocker*, Pieter Wuille, que había escrito gran parte del código para el *softfork* SegWit, también se opuso al BIP 148. En mayo de 2017, en una conversación a través de un *Internet Relay Chat*[4] con Luke, Pieter hizo los siguientes comentarios:

> *mi expectativa es que cada nodo completo económicamente relevante revertirá el código del bip148 horas después de que el hashrate no lo adopte*
>
> ...
>
> *luke-jr: creo que estás loco*[5]

Cabe señalar que Pieter se disculpó rápidamente por el "disparatado" comentario. Dadas las opiniones de desarrolladores como Pieter y Gregory, ahora parecía extremadamente improbable que Bitcoin Core lanzara un cliente que implementara BIP 148. Si el plan del UASF llegaba a tener éxito, los small blockers, irónicamente, tendrían que ejecutar un cliente alternativo con diferentes reglas de consenso, al igual que los big blockers habían hecho con Bitcoin XT, Bitcoin Classic y Bitcoin Unlimited.

Esto es exactamente lo que ocurrió: Luke acabó publicando un cliente que implementaba el BIP 148, con la etiqueta de agente de usuario "/Satoshi:0.14.2/UASF-Segwit:0.3(BIP148)/". También se alentó a los usuarios a seguir ejecutando Bitcoin Core y cambiar el ID del agente de usuario para mostrar su apoyo al BIP 148, lo que también parecía ser una práctica popular en ese momento. Algunos argumentaron que se trataba de una mala práctica, ya que el cliente no implementaba realmente las reglas BIP148, sin embargo otros respondieron que se trataba de intenciones y que indicaba que los usuarios se actualizarían antes del 1 de agosto. Algunos señalaron que esto era un poco hipócrita, ya que era exactamente el tipo de comportamiento por el que los *small blockers* habían ridiculizado y criticado a los *big blockers*.

A principios de mayo de 2017, me senté en Hong Kong para charlar con uno de los más importantes defensores del UASF detrás de escena. El desarrollador con el que hablé había escrito código para el cliente del UASF y mantenía varios de los sitios web de la campaña a favor de la propuesta. Le expliqué que el UASF era arriesgado y que era importante tener paciencia con las reglas de consenso de bitcoin. Su respuesta fue larga y contundente. "En tiempos normales, tienes razón", afirmó, "sin embargo, estos no son tiempos normales, estamos en guerra". Y continuó: "Bitcoin se encuentra en una situación de crisis, Bitmain está explotando maliciosamente la vulnerabilidad ASICBoost, SegWit corrige esta vulnerabilidad y tenemos que solucionarlo urgentemente. Es una situación de emergencia y por lo tanto no tenemos tiempo para el enfoque normal y paciente." Continuó explicando que, en una guerra, no siempre se tiene el lujo de elegir el momento adecuado. Apreció que sólo faltaran unos meses para la activación del UASF, pero explicó que los *small blockers* ocupaban actualmente una posición dominante en la guerra y que no había garantías de que esto durara. "Ahora es el momento de sacar las armas pesadas", proclamó, "cuando somos fuertes". Y continuó: "No tenemos otra opción, tenemos que actuar ahora, ser contundentes y ganar decisivamente esta guerra, por el futuro de bitcoin. Si no lo hacemos, nos arriesgamos a la derrota y bitcoin estará muerto". Este desarrollador parecía haber pensado en todos los escenarios y estaba convencido de que él BIP 148 funcionaría. En su opinión, el hecho de que el BIP 148 fuera un *softfork*, un superconjunto de las reglas de consenso actuales, era una ventaja significativa y ayudaría a forzar a los mineros a pasarse a la cadena BIP 148. Su opinión era que el BIP 148 era una amenaza y que los mineros cederían ante la presión antes de tiempo, activando SegWit, de modo que el *softfork* de agosto de 2017 nunca llegaría a producirse. "BIP 148 contiene código que no se aplica si SegWit ya está activado", explicó.

Aunque, en un principio, la idea fue discutida dentro del bando *small blocker*, en mayo de 2017 había ganado una tracción significativa. La Guarida de los Dragones estaba ahora en plena campaña, apoyando al BIP 148 y al UASF. Samson Mow incluso había organizado, vendido y distribuido una gorra con las letras UASF bordadas en la parte delantera. Esta gorra era típicamente de colores militares y la llevaban los *small blockers* en las conferencias y eventos de bitcoin para indicar su apoyo a esta campaña con espíritu popular y comunitario. En ese momento, el debate sobre el UASF sólo prevalecía dentro de la comunidad de *small blockers*, mientras que los *big blockers* y la industria de las criptomonedas en general lo ignoraban. No fue hasta finales de mayo de 2017 cuando la idea se exploró más ampliamente fuera del bando *small blocker*.

Desde un punto de vista táctico, los *big blockers* fueron demasiado lentos para reaccionar y demasiado lentos para entender el UASF. Estos deberían haber visto la posible división en el bando contrario e intentar ponerla en evidencia y explotarla. De la misma forma que hicieron los *small blockers* con las posibles divisiones en el bando contrario. En lugar de eso, ignoraron el UASF. A finales de mayo, hablé con uno de los *big blockers* más destacados sobre el UASF. Me explicó que no creía que Gregory Maxwell se opusiera realmente al UASF; eran sólo sus "mentiras y juegos habituales", me explicó. Parecía que, llegados a este punto, el nivel de desconfianza era tan alto que, combinado con una comprensión muy diferente de cómo funciona bitcoin, los *big blockers* eran casi incapaces de saber qué tramaban los *small blockers*. Me pareció que los *small blockers* finalmente habían hecho su movimiento y dejado una puerta abierta. Si esta guerra iba a continuar, los *big blockers* necesitaban reaccionar y aprovecharse de la situación, pero no parecían entender qué hacer.

Los *big blockers* también parecían realmente preocupados por el UASF. Al principio de la guerra, habían subestimado enormemente el tamaño y la influencia del bando *small blocker*, creyendo que ganarían la guerra con facilidad. Los *big blockers* a menudo se burlaban de los *small blockers* como insignificantes e ingenuos. Sin embargo, tras tres intentos fallidos de *hardfork* -derrotas que les pillaron por sorpresa-, la mayoría de los *big blockers* parecían sobrestimar ahora el poder y la influencia de sus adversarios. En realidad, los *small blockers* eran mucho menos poderosos de lo que pensaban; la principal razón de su éxito en derrotar a los *big blockers* hasta este punto era su superior comprensión de bitcoin, los errores tácticos de los propios *big blockers* y la resistencia inherente de bitcoin frente a cambios controvertidos en las reglas del protocolo. Debido a una comprensión incompleta, al menos hasta cierto punto, los *big blockers* culparon de sus derrotas a las ingeniosas maniobras de los astutos y poderosos *small blockers*. Por lo tanto, los *big blockers* parecían venerar a los *small blockers* y muchos de ellos temían el UASF, que veían como la próxima gran jugada de los mismos. Estaban ciegos ante la oportunidad táctica que les brindaba. Una oportunidad que, en consecuencia, no supieron aprovechar.

A esta altura, el UASF casi no contaba con el apoyo de los *exchanges* de criptomonedas. La mayoría de los directores ejecutivos de los *exchanges* con los que hablé en ese momento esperaban que el UASF fracasara, o ni siquiera sabían lo que era. El nivel de apoyo económico al UASF fuera del bando de los bloques pequeños era ínfimo. Fue un movimiento arriesgado por parte de los *small blockers*, y me pareció probable que se quedaran atrás en una *blockchain* de prueba de trabajo inferior no considerada como bitcoin. Lo que los *big blockers* deberían haber considerado era el lanzamiento de un *"countersoftfork"*, que prohibiera las *flags* BIP 148 en los bloques. Esta cadena probablemente tendría la mayoría económica y el *hashrate* mayoritario. Este contra-UASF también habría garantizado una división limpia, en la que la cadena que no participara en el UASF ya no sería vulnerable al *wipeout*. Sin embargo, los *big blockers* no pensaban así.

Querían un aumento del tamaño de bloque mediante un *hardfork*; no tenían la experiencia o el deseo de implementar un *contra-softfork*.

Jihan Wu parecía muy enfadado por la campaña del UASF. Para él, un UASF socavaba la narrativa que había construido de que los mineros tenían una influencia significativa sobre las reglas del protocolo. El 28 de mayo de 2017, Jihan tuiteó con la etiqueta #UASF junto a una imagen de las víctimas de asesinato de la masacre de Jonestown.[6] La ira y el miedo que sentía por el UASF parecían ser fuertes.

A mediados de junio, el *exchange* ViaBTC, vinculado a Jihan Wu, cotizó futuros de BIP 148 en su plataforma.[7] Se trataba claramente de una idea tomada de Bitfinex y su *token* Bitcoin Unlimited unos meses antes. Era un intento de socavar el BIP 148, al igual que los futuros de Bitfinex habían socavado Bitcoin Unlimited. Sin embargo, las condiciones del contrato eran bastante extrañas y estaban algo manipuladas. Si uno invertía en el *token* BIP 148, sólo podía recibir un pago si tanto la cadena del *token* BIP 148 como la cadena de reglas originales (la cadena no BIP 148) seguían existiendo. Está claro que esto no es lo que querían los inversores del BIP 148. Creían que la cadena original dejaría de existir, en particular porque esta era vulnerable al *wipeout* por culpa de la cadena BIP 148. En consecuencia, invertir en un *token* dependiente de la existencia continuada de la cadena no BIP 148 no tenía mucho sentido para los partidarios de BIP 148. El contrato no logró ningún volumen de comercialización significativo y no parecía socavar la causa BIP 148.

El 14 de junio de 2017, Bitmain publicó un blog en el que esbozaba un plan de contingencia en respuesta al UASF:

> *BIP148 es muy peligroso para los exchanges y otros negocios. No hay señales de un apoyo económico significativo detrás de BIP148 y cuando esté vivo como blockchain, lo más probable es que el apoyo económico se base en la especulación. La actividad minera detrás de una cadena UASF puede detenerse sin previo aviso, y los inversores que compran la propaganda BIP148 pueden perder toda su inversión. Cualquier exchange que decida apoyar un token UASF después del punto de bifurcación debe tener en cuenta el riesgo de estancamiento que conlleva.*
>
> ...
>
> *La cadena UASF presenta el riesgo de que la cadena original desaparezca. Si no hay un plan de contingencia, toda la*

actividad económica que ocurra en la cadena original después del punto de bifurcación UASF se enfrentará al riesgo de ser eliminada. Esto tiene consecuencias desastrosas para todo el ecosistema bitcoin. El UASF es un ataque contra los usuarios y las empresas que no están de acuerdo con la activación de SegWit en este momento sin un aumento del tamaño de bloque, que es una cláusula muy importante en el acuerdo de Hong Kong realizado por la comunidad global de bitcoin en febrero de 2016.

...

Este plan es para un User Activated Hard Fork, o UAHF.

...

Bitmain minará la cadena durante un mínimo de 72 horas después del punto de bifurcación BIP148 con un cierto porcentaje de hash rate suministrado por nuestras propias operaciones de minería. Es probable que Bitmain no libere inmediatamente los bloques minados a la red pública a menos que las circunstancias lo requieran, lo que significa que Bitmain minará primero dicha cadena de forma privada. En las siguientes situaciones tenemos la intención de liberar los bloques minados al público (lista no exhaustiva):

1. *La cadena BIP148 se activa y posteriormente obtiene un apoyo significativo de la industria minera, es decir, después de que el BIP148 ya haya dividido con éxito la cadena;*
2. *El sentimiento en el mercado a favor de un hard fork de bloques grandes es fuerte, y la lógica económica nos impulsa a minarlo, por ejemplo, el tipo de cambio está a favor del bitcoin de bloques grandes;*
3. *Si ya hay una cantidad significativa de otros mineros minando una cadena de bloques grandes públicamente y decidimos que es racional para nosotros minar encima de esa cadena. En tal caso, también consideraremos unirnos a esa cadena y renunciar a nuestra cadena*

> *minada de forma privada para que la cadena pública UAHF no corra el riesgo de ser reorganizada.*

> *Una vez que Bitmain empiece a minar públicamente una cadena UAHF, la minaremos de forma persistente e ignoraremos los incentivos económicos a corto plazo. Creemos que una hoja de ruta que incluya la opción de ajustar el tamaño de bloque servirá mejor a los usuarios, por lo que esperamos que atraiga un precio de mercado más alto a largo plazo.*[8]

El plan de Bitmain consistía en activar un *hardfork* más o menos al mismo tiempo que el UASF, lo que aumentaría el límite de tamaño de bloque. El plan de *hardfork* incluía incluso un calendario de aumento del tamaño de bloque. El límite de tamaño de bloque comenzaría en 2 MB en agosto de 2017 y aumentaría gradualmente en pasos adicionales predeterminados hasta alcanzar los 16,8 MB en agosto de 2019. Este plan parecía una especie de amenaza dirigida a los partidarios del UASF. Los *big blockers* obtendrían su nueva cadena con un *hardfork*, algo que percibían que los *small blockers* esperaban desesperadamente impedirles conseguir.

Aunque Jihan no parecía darse cuenta, este plan era en realidad increíblemente favorable a la causa de el UASF, porque significaba que la cadena UASF tenía más probabilidades de obtener la ventaja de la prueba de trabajo sobre la cadena de reglas originales, ya que Bitmain indicó que había planeado pasar a una cadena alternativa producto de un *hardfork*. Además de esto, Bitmain planeaba minar la nueva cadena en secreto, durante un periodo de 72 horas. Esto era una muy mala jugada, si el plan era que la cadena bifurcada ganara tracción, ya que nadie podría ver la cadena, o ejecutar un cliente que la soportara, y los *exchanges* no podrían dar soporte al *token*. No está claro qué motivó esta publicación en el blog. Parece como si Jihan estuviera muy enfadado y desarrollara rápidamente un plan diseñado para frustrar a sus oponentes, pero no lo hubiera pensado en absoluto. Lo que Jihan debería haber anunciado, por supuesto, es que, en caso de UASF, seguiría minando la cadena de reglas originales y, mientras tanto, organizaría una propuesta de contra-UASF. Sin embargo, esto lo habría dejado atascado con bloques de 1 MB, así que tal vez pensó que no tenía muchas opciones.

En la Guarida de los Dragones, los *small blockers* celebraron la publicación del blog de Bitmain con alegría, ya que casi les aseguraba la victoria total. Sin embargo, algunos adoptaron un tono más cauto, "sólo porque Jihan diga que hará algo estúpido, no asumas que lo hará". Me pareció que esta postura más cauta era la correcta. A medida que se acercaba el 1 de agosto, era muy probable que Jihan se diera cuenta de que su plan no tenía sentido y cambiara a otro más eficaz.

A medida que se acercaba la fecha límite del UASF, los *big blockers* se encontraban en la cuerda floja, ya que no sabían cómo responder eficazmente. Era casi como si no les quedaran opciones viables. Parecía que los *big blockers* se encaminaban finalmente hacia una humillante derrota, y lo sabían. Necesitaban algún tipo de maniobra para salvar su dignidad.

NOTAS

1. https://lists.linuxfoundation.org/pipermail/bitcoin-dev/2017-February/013643.html
2. https://github.com/bitcoin/bips/blob/master/bip-0148.mediawiki
3. https://lists.linuxfoundation.org/pipermail/bitcoin-dev/2017-April/014152.html
4. IRC (*Internet Relay Chat*) es un protocolo de comunicación en tiempo real basado en texto que permite debates entre dos o más personas (N. del T.).
5. https://www.reddit.com/r/Bitcoin/comments/6ef7wb/some_comments_on_the_bip148_uasf_from_the/
6. https://twitter.com/JihanWu/status/868918286204796928
7. https://www.newsbtc.com/news/bitcoin/viabtc-enables-bip148-futures-trading-recently-launched-exchange/
8. https://blog.bitmain.com/en/uahf-contingency-plan-uasf-bip148/

1. 2. 3.

5. 6. 7.

8.

CAPÍTULO 18

EL ACUERDO DE NUEVA YORK

El 22 de mayo de 2017 se celebró en Nueva York una reunión organizada por Barry Silbert, de Digital Currency Group (DCG), con el objetivo de resolver el conflicto. Jihan Wu asistió a la reunión. El resultado fue otro acuerdo. Se publicó el siguiente documento, denominado Acuerdo de Nueva York (NYA). Decía así:

> *Estamos de acuerdo en apoyar inmediatamente las siguientes actualizaciones en paralelo del protocolo bitcoin, que se desplegarán simultáneamente y se basarán en la propuesta original Segwit2Mb*[1]:
>
> - *Activar Segregated Witness a un umbral del 80%, señalizando en el bit 4*
> - *Activar un hard fork de 2 MB en un plazo de seis meses*
>
> *También estamos comprometidos con la investigación y el desarrollo de mecanismos técnicos para mejorar la señalización en la comunidad bitcoin, así como para poner en marcha herramientas de comunicación, con el fin de coordinarnos más estrechamente con los participantes del ecosistema en el diseño, integración y despliegue de soluciones seguras que aumenten la capacidad de bitcoin.*
>
> *Damos la bienvenida a todas las empresas, mineros, desarrolladores y usuarios para que se unan a nosotros y ayuden a preparar bitcoin para el futuro.*
>
> *El grupo de empresas firmantes representa una masa crítica del ecosistema bitcoin. A 25 de mayo, este grupo representa:*

- *58 empresas ubicadas en 22 países*
- *83,28% de la potencia de hashing*
- *5.100 millones de USD mensuales de volumen de transacciones on chain*
- *20,5 millones de wallets bitcoin*

Por otra parte, con fecha de 24 de mayo, las siguientes empresas se han comprometido a prestar apoyo técnico y de ingeniería para probar y respaldar el software de actualización, así como a ayudar a las empresas a prepararse para las actualizaciones:

Abra || BitClub Network || Bitcoin.com || BitFury || BitGo || Bitmain || BitPay || Blockchain || Bloq || BTCC || Circle || Ledger || RSK Labs || Xapo

Si desea dedicar apoyo técnico y de ingeniería de su equipo, háganoslo saber y le incluiremos en la lista anterior.[2]

El acuerdo se basaba en una propuesta anterior de marzo de 2017, del desarrollador e investigador de bitcoin Sergio Lerner. La idea era hacer tanto SegWit como un *hardfork* que aumentara el tamaño del bloque a 2 MB. Hablando con personas cercanas a Barry, se dijo que esto era un término medio, con algunas personas que querían SegWit y otras que querían un *hardfork*, por lo tanto ahora todo el mundo podría conseguir lo que quería. Me explicaron que a Barry lo preocupaba que la red hubiera llegado a un punto muerto y que había que hacer algo para avanzar. Se dijo que el propio acuerdo había sido redactado por Meltem Demirors, empleado de DCG. Este documento había dado a Jihan la oportunidad de salvar su reputación, una metodología para hacer frente a la amenaza potencial del UASF, al igual que el acuerdo sobre Litecoin un mes antes.

El número y la importancia de los firmantes del acuerdo eran impresionantes. En total, hubo 58 firmantes, entre ellos Gavin Andresen, Bitcoin.com de Roger Ver, Bitmain de Jihan Wu y Coinbase de Brian Armstrong. Aunque muchos (33 de los firmantes) eran empresas de la cartera de inversiones de DCG, también hubo un amplio apoyo fuera de este grupo, por parte de muchas de las plataformas de intercambio y minería. Por ello, muchos observadores del sector llegaron a la conclusión de que el problema del tamaño de los bloques se había resuelto por fin y que la aplicación del acuerdo era casi inevitable. Este acuerdo fue un gran golpe y un logro para los *big blockers*, en un momento en el que eran débiles. Parecía un punto de inflexión en el conflicto. Los *big blockers* estaban casi derrotados, pero ahora volvían a estar en la cima.

Sin embargo, los *big blockers* no estaban del todo contentos con el acuerdo. Al fin y al cabo, incluía SegWit, algo que no les entusiasmaba demasiado. Pero sí parecía hacer algo que querían, que era "despedir a Bitcoin Core". Así es como Roger Ver justificó su apoyo. Afirmó que, aunque no le gustaba el acuerdo en sí, al menos se desharía de Bitcoin Core. Algunos *big blockers* parecían desconfiar del acuerdo, y aquellos en el extremo más extremo de este bando se opusieron al mismo. El acuerdo se comprometía a activar SegWit antes del *hardfork*, con el *hardfork* activándose "en un plazo de seis meses". El acuerdo decía que el *hardfork* y el *softfork* se "desplegarían simultáneamente", pero que el *softfork* se activaría primero. A algunos *big blockers* les preocupaba la posibilidad de que se produjera el primer paso y luego los firmantes se desentendieran del acuerdo, antes de promulgar el segundo.

En cuanto a los *small blockers*, no estaban representados en Nueva York y sus opiniones no se reflejaban en absoluto en el acuerdo. No había frases con doble sentido ni declaraciones contradictorias; parecía haber sido redactado enteramente por el bando *big blocker*. Notablemente, el acuerdo no hacía referencia a la idea de que los usuarios de bitcoin controlan el protocolo o que el apoyo de los usuarios era necesario antes de cambiar las reglas del protocolo. El NYA ni siquiera mencionaba someramente la idea de que los usuarios debían tener voz y voto. Se presentó como las grandes corporaciones del sector imponiendo las reglas a los usuarios de forma jerárquica. Si bitcoin funcionara así, debilitaría la propuesta de valor esencial de la moneda. Los firmantes del NYA no parecían considerar importante presionar y persuadir a los usuarios antes de activar el *fork*. En su lugar, parecía una amenaza o un ultimátum.

Además de desvirtuar la principal propuesta de valor de bitcoin, también se trataba de una mala táctica. Los usuarios de bitcoin quieren sentir que tienen el control y no les gusta que les digan lo que tienen que hacer. Por lo tanto, el NYA parecía una repetición de Bitcoin XT, Bitcoin Classic y Bitcoin Unlimited. Habían vuelto a cometer los mismos errores, sólo que esta vez con mucho más apoyo de la industria. Una cosa a destacar, sin embargo, es que varios nombres muy significativos y en crecimiento en la industria no fueron signatarios del NYA. La más notable por su ausencia fue Bitfinex, tal vez la empresa más importante económicamente en ese momento. Local Bitcoins (el mayor *exchange* P2P del momento), Poloniex, BitMEX y el pool de minería Slush también estuvieron notablemente ausentes.

La sección del acuerdo más fácil de descifrar para los *small blockers* era la que decía "Activar Segregated Witness a un umbral del 80%, señalizando en el bit 4". Esto tenía poco sentido, ya que SegWit se activaba utilizando el bit 1, no el bit 4. Los mineros podrían marcar usando el bit 4, sin embargo esto no activaría realmente SegWit. Al parecer, según alguien que asistió a la reunión, Jihan había insistido en este punto, quizá porque se le había presionado durante meses para que indicara su apoyo a SegWit utilizando el bit 1 y no quería ceder a las demandas de los *small blockers*. Sin embargo, la activación de SegWit mediante este bit no era posible y, por lo tanto, no estaba muy claro qué ocurriría.

Casi inmediatamente después de que se publicara el NYA, el 22 de mayo de 2017, el desarrollador de bitcoin y software de minería James Hillard propuso una solución a este dilema del bit 4, llamada BIP 91:

> *Me gustaría proponer una implementación que cumpla la primera parte de la propuesta de Barry Silbert independientemente de la segunda:*
>
> *"Activar Segregated Witness a un umbral del 80%, señalizando en el bit 4"*
>
> *El objetivo aquí es minimizar el riesgo y la interrupción de la red maximizando la compatibilidad y proporcionando una rápida activación de segwit a un umbral del 80% utilizando el bit 4.*
>
> *Activando segwit inmediatamente y por separado de cualquier HF podemos escalar rápidamente sin arriesgarnos a una precipitada combinación de segwit+HF que, casi con total seguridad, causaría problemas generalizados.*[3]

James propuso que SegWit se activara en dos fases, con dos *softforks*. Un primer *softfork* se activaría utilizando el umbral de señalización del 80% de los mineros mencionado en el NYA y haría obligatoria la señalización para SegWit a través del bit 1. Esto activaría el último *softfork*, SegWit propiamente dicho. Esto también hacía que la actualización fuera compatible con el BIP 148 (el UASF), ya que también hacía obligatoria la señalización para SegWit a través del bit 1. De hecho, BIP91 fue co-escrito por James Hillard y Shaolinfry, el autor de BIP 148. Finalmente, se publicó un cliente, llamado Segsignal, que era Bitcoin Core más un parche para soportar el BIP91. El BIP 91 era un mecanismo de actualización bastante agresivo y rápido, que se activaba si 269 bloques marcaban soporte en 336 ventanas de señalización de bloques, un umbral del 80%.

En cuanto al cliente que implementaría el NYA en su totalidad, rápidamente se supo que se llamaría BTC1 y que el desarrollador principal sería Jeff Garzik, que había propuesto a Satoshi aumentar el límite de tamaño de bloque unas semanas después de que se impusiera por primera vez en 2010. A Jeff se le pidió que hiciera BTC1 compatible con BIP 91 y que activara SegWit a través del bit 1, argumentando que, desde un punto de vista técnico, la activación a través del bit 4 era un sinsentido. Inicialmente, Jeff se negó, aunque su razonamiento parecía algo confuso.

El 29 de mayo se filtró un email del consejero delegado de BitGo, Mike Belshe.[4] Contenía un plan y un calendario para el NYA. Cabe señalar que, aunque BitGo figuraba en el NYA como una de las empresas que prestaban apoyo técnico para la actualización, no eran firmantes del acuerdo. El acuerdo incluso decía al final "Nota: BitGo se incluyó por error en esta lista publicada inicialmente. Ya se ha corregido". Hablando con algunos empleados de BitGo, tengo entendido que habían pedido que se eliminara a la empresa, pensando que el custodio y procesador de pagos debería mantenerse neutral y apoyar a ambos lados de la división. En cualquier caso, el email filtrado contenía una propuesta de calendario, que incluía la liberación alfa del software, el lanzamiento de la red de pruebas y el inicio de la señalización para el 21 de julio.

Muchos miembros de la comunidad bitcoin se enfurecieron al descubrir que el desarrollo y los planes para el cliente NYA se estaban llevando a cabo en secreto y no en una lista de correo pública. Se suponía que bitcoin era un sistema abierto, sujeto a un escrutinio general. Una lista de correo secreta dirigiendo el despliegue del cambio de consenso se consideraba antitético a bitcoin. Sin embargo, la razón por la que se llevó a cabo en privado estaba clara: si se hacía en público, los *small blockers* sin duda encontrarían agujeros en lo que estaban haciendo, haciendo que su propuesta pareciera débil. SegWit era extremadamente complicado y un grupo alternativo estaba intentando implementarlo con un conocimiento muy limitado del mismo. En retrospectiva, fue un error llevar a cabo gran parte del proceso a puertas cerradas, ya que la falta de rigor técnico parecía provocar más errores.

A finales de mayo de 2017, la presión sobre Jeff causada por la activación incompatible de SegWit, a través del bit 4, era inmensa. Los *small blockers* y los participantes de la Guarida de los Dragones se dieron cuenta de que se trataba de un fallo importante en el cliente BTC1 y, si convencían a Jeff para que hiciera este cambio y adoptara el BIP 91, SegWit podría activarse finalmente en bitcoin. Después de que se produjera la activación, los *small blockers* podrían entonces trabajar para detener la segunda parte del NYA, el *hardfork*. Las redes sociales estaban llenas de comentarios sobre lo perturbador y poco cooperativo que estaba siendo Jeff al negarse a adoptar el BIP 91, y su bandeja de entrada estaba presumiblemente llena de demandas y acusaciones similares de toda la comunidad técnica.

Finalmente, el 5 de junio de 2017, Jeff cedió ante la presión e incluyó el BIP 91 en su cliente BTC1.[5] Los *small blockers* se habían salido ahora con la suya; el cliente NYA implementaba ahora el UASF. Dentro de la Guarida de los Dragones, hubo celebraciones emocionadas.

La lógica de activación del *hardfork* también cambió en este punto; ahora se decía que el *hardfork* en el cliente BTC1 estaba programado para activarse tres meses después de la activación de SegWit (si es que SegWit se activaba alguna vez), en lugar de seis meses después. Sin embargo, no fui capaz de entender cómo el código implementaba la lógica de activación, y había una considerable confusión en torno a los detalles del calendario de activación del *hardfork*. Este periodo de tres meses era la mitad del periodo de seis meses mencionado en el NYA, que se implementó originalmente en las primeras versiones del cliente BTC1. Hablando con algunos contactos cercanos al desarrollo de BTC1, me enteré de que la razón de este cambio era, aparentemente, dar menos tiempo a la gente para desistir del *hardfork* una vez que SegWit se hubiera activado, lo que ayudaría a asegurar la realización del mismo. Me pareció un enfoque erróneo que, de hecho, podría dificultar la fase de *hardfork*, ya que ahora los partidarios del mismo disponían de un plazo más corto para persuadir a los usuarios de que actualizasen sus clientes(tres meses en lugar de seis).

En cuanto al cliente BTC1, parecía estar lleno de *bugs*, incluso después de implementar BIP 91. Es posible que Jeff no entendiera SegWit y cometiera algunos errores con la capa *peer-to-peer* de SegWit, que requirieron más contribuciones para solucionarse. Además, sorprendentemente, como alguien señaló en un email el 14 de junio, el cliente BTC1 ni siquiera implementó el *hardfork* de aumento del límite de tamaño de bloque.[6] El cliente mantuvo el límite de peso de cuatro millones de unidades, lo que habría evitado un *hardfork* y asegurado que el límite de tamaño de bloque nunca aumentara. Parece como si Jeff nunca hubiera entendido el nuevo límite de SegWit: recordemos que pensaba que SegWit tenía dos límites. Sólo después de que se le señalara esto, tras el lanzamiento de la primera versión de BTC1, implementó realmente un *hardfork*.

Estaba resultando demasiado difícil para los partidarios del NYA implementar algo que no entendían.

Jeff también se vio sometido a una presión considerable para añadir protección contra replicaciones al cliente BTC1, sin embargo se opuso a esto. La idea no era que BTC1 creara una nueva moneda, sino que solo hubiera una moneda tras la actualización, y que la cadena original muriera de alguna manera debido al apoyo abrumador a la nueva cadena. La división de Ethereum de 2016 ya era historia antigua y la mayoría de los *big blockers* parecían haberlo olvidado. Por lo tanto, en la mente de los partidarios del NYA, la protección contra replicaciones no era necesaria. Sin embargo, esto era una reiteración de los mismos argumentos que habían estado dando vueltas y vueltas en círculos durante años; algunas personas pensaban que la cadena original podría prevalecer y, por lo tanto, la protección contra replicaciones era necesaria. El 14 de junio de 2017, Sergio Lerner, en cuya propuesta se basó el NYA, apoyó la *replay protection*. En este punto, Jeff estaba bajo una tremenda presión de todos los lados:

> *Hay dos grupos de personas que tienen dos visiones diferentes de bitcoin. Ninguna de estas visiones es "errónea". Un grupo valora más cosas como la descentralización, la ausencia de gobierno, la resistencia a la censura, el anonimato. Este grupo piensa que bitcoin transformará nuestro mundo en 20-30 años. Para alcanzar esta meta, es de suma importancia apegarse a esos valores. No hay prisa. El otro grupo valora más cosas como alcanzar los mil millones de usuarios en los próximos 5 años, o servir a usuarios reales no bancarizados hoy, incluso si eso requiere un acuerdo político ahora. Ambas visiones tienen sus méritos. Pero son incompatibles. La protección contra replicaciones da la oportunidad a cada uno de estos "bitcoiners" de impulsar plenamente su propia visión. Ambas visiones pueden coexistir.(sic)*[7]

El 16 de junio de 2017, los mineros celebraron otra mesa redonda.[8] Asistieron casi todos los grandes grupos mineros. En la reunión, los mineros acordaron apoyar el NYA.

La primera versión de BTC1 no tenía protección contra *wipeout* y, como se explicó anteriormente en este libro, presionar para un *hardfork* contencioso sin protección contra borrado es como ir a la guerra habiéndose atado deliberadamente las manos detrás de la espalda. En mayo de 2017, después de casi dos años de lucha por los *hardforks*, Jihan Wu por fin se había dado cuenta de esto y había presionado a favor de la protección contra el *wipeout*. Jihan había apoyado la protección contra el borrado ya el 12 de mayo de 2017:

> *Dado que se trata de un cambio de reglas de consenso muy significativo que se ha debatido durante 4 años, podemos añadir otra regla de consenso en y SÓLO en la altura de fork, el tamaño del bloque TIENE QUE ser mayor de 1.000.000 Bytes. Es una forma muy simple y directa de proteger la reorganización.*[9]

A medida que aumentaba la presión sobre Jeff, y parecía que el *hardfork* del NYA podría ser más polémico de lo que sus promotores habían pensado en un principio, este accedió a añadir protección contra el borrado. Jihan había instado a Jeff a añadir esta función a BTC1 y, el 20 de junio, Jeff accedió. En lugar de limitarse a permitir que los bloques fueran mayores de 1 MB tras el *hardfork*, BTC1 exigía ahora que el primer bloque fuera mayor de 1 MB, una forma básica de protección contra el *wipeout*.

> *Solicitado por Bitmain y BU para implementar una función anti-borrado; yo mismo y otros miembros del WG estuvimos de acuerdo por el razonamiento más amplio de crear una actualización de la red más predecible.*[10]
>
> ...
>
> *La secuencia tradicional de HF es que la bifurcación de la red se produce *en o después* del cambio de reglas de HF, cuando el minero crea el primer bloque superior a 1M. Se propone hacer esto más estricto, de forma que el bloque HF *debe ser* mayor de 1M en el bloque en el que se produce el cambio de reglas. Esto hace que el evento sea más predecible al garantizar que la bifurcación se produce específicamente en el bloque X.*[11]

Esta función no se implementó correctamente y, el 11 de julio de 2017, la red de prueba BTC1 se dividió en dos.[12] Al parecer, alguien minó bloques de la red de prueba 50 veces más rápido de lo esperado, activando el *hardfork* antes de tiempo.

Entonces, debido a un error en la implementación de la regla de "mayor que 1 MB", las versiones más recientes de BTC1, que requerían que el primer bloque tuviera más de 1 MB, se dividieron en una cadena diferente a la del cliente BTC1 más antiguo. Esto se debía a que el primer bloque no superaba 1 MB porque no había suficientes transacciones. Este *bug* y la división fueron explotados de nuevo por los *small blockers* para indicar que BTC1 era un cliente débil y lleno de errores. El equipo de BTC1 se defendió indicando que para eso estaba la red de pruebas. Sin embargo, esto ilustraba un punto: BTC1 estaba intentando cambiar las reglas de consenso de bitcoin de forma precipitada y arbitraria y, en este corto espacio de tiempo, había lanzado múltiples clientes, que ya eran incompatibles entre sí debido a *bugs* y otros cambios de última hora.

A principios de julio, entre el 80% y el 95% de los mineros (por potencia de *hashing*) incluían las letras "NYA" en los bloques que minaban, y parecía que el NYA se encontraba en una posición dominante. Sin embargo, casi ninguno de los usuarios utilizaba BTC1 o incluso Segnet (sólo la primera parte del NYA); la adopción era casi nula. Al mismo tiempo, los principales *exchanges* con los que hablé no ejecutaban BTC1, Segnet o el cliente BIP 148; sólo ejecutaban Bitcoin Core. Por tanto, las perspectivas parecían muy inciertas.

De hecho, los mineros y los pools de minería con los que hablé tampoco estaban ejecutando BTC1, a pesar de las *flags* a favor del NYA. A mediados de julio de 2017, hablé con personas de dos de los pools de minería que firmaron tanto el NYA como el nuevo acuerdo de mesa redonda de minería en junio de 2017. Solo para explicar, si un minero estaba ejecutando BTC1, deberían por defecto en este punto señalizar tanto con el bit 4 como con el bit 1; una vez que el primer *softfork* se activara, el bit 1 se volvería obligatorio y activaría SegWit. Estos mineros me dijeron que no confiaban en el cliente BTC1 y por lo tanto estaban ejecutando Segnet o Bitcoin Core. Los que ejecutaban Bitcoin Core incluían manualmente la etiqueta del NYA y el bit 4 y/o el bit 1. Me informaron de que esto era confidencial y de que me lo habían contado en secreto; en público, era vital mostrar apoyo a BTC1 y al NYA, explicaron los mineros.

El 20 de julio, Jihan tuiteó que Bitmain estaba gestionando BTC1, aunque en ese momento también dijo que Bitmain había modificado el software para eliminar la *flag* del bit 1. Jihan parecía dispuesto a esperar hasta el último momento antes de activar SegWit, asegurándose de que no se activara antes de que la votación fuera obligatoria.

Bitmain está ejecutando el software btc1 pero modificamos para votar sólo en el bit 4 sólo en esta etapa.[13]

La señalización era claramente un desastre, los mineros estaban señalizando por todas partes, engañando a los usuarios sobre lo que realmente estaban ejecutando. Por ejemplo, los pools indicaban que apoyaban el NYA sin ejecutar BTC1. Bitmain también fue uno de los peores infractores en lo que se refiere a falsas señalizaciones. Por ejemplo, Antpool (el pool de minería de Bitmain) marcó el bit 4 antes del lanzamiento alfa de BTC1, indicando que estaba usando un cliente que aún no existía. Incluso en julio de 2017, Bitmain seguía marcando soporte para Bitcoin Unlimited, cuando este nodo no había implementado BTC1 o SegWit, y por lo tanto sus *flags* eran contradictorios.

Unos días más tarde, hacia finales de julio de 2017, Bitmain finalmente señalizó el soporte con el bit 1, justo unos días antes de la fecha límite. Los *small blockers* estaban extasiados. Después de una campaña agotadora, más de 10 meses después del lanzamiento de SegWit, el minero más grande del sector finalmente lo había aceptado. La mayoría de los *small blockers* creían que esto nunca ocurriría. Por fin parecía probable la activación de SegWit.

Finalmente se alcanzó el umbral del 80% para el BIP 91, que se consolidó el 21 de julio de 2017. De acuerdo con esta nueva regla de *softfork* temporal, los mineros tuvieron que señalizar su compatibilidad con SegWit a partir del 26 de julio de 2017. A medida que se acercaba esa fecha, algunos bitcoiners se preocuparon por el elevado riesgo. Si no todos los mineros cumplían, podría haber problemas en la red. Sin embargo, llegó el día y todos los mineros cumplieron, señalizando con el bit 1. No hubo ruptura de cadena y SegWit quedó finalmente activado en la red bitcoin. Con esta locura y complejidad de plazos y mecanismos de activación entrelazados, era casi imposible seguir la corriente de lo que estaba pasando. Parecía que cada pocos días había algún tipo de mecanismo de activación o fecha límite. Si has llegado tan lejos en este libro, puede que te resulte evidente que yo estaba bastante obsesionado con este conflicto, como mínimo; sin embargo, en este punto, incluso a mí me resultaba difícil seguir el hilo de lo que estaba pasando.

El BIP 91 se activó justo antes de la fecha límite del BIP 148, el 1 de agosto de 2017, dejando solo un pequeño intervalo de cinco días entre el momento en que el BIP 91 hizo obligatorio la señalización para SegWit y el momento en que el UASF habría hecho lo mismo. Esta proximidad parecía indicar que la amenaza de un UASF había funcionado. El hecho de que el UASF tuviera éxito fue un logro milagroso. Una victoria moderna de David contra Goliat. El UASF nunca se implementó en una versión de Bitcoin Core, y algunos de los desarrolladores más influyentes de Bitcoin Core se habían opuesto abiertamente.

Siguiendo el verdadero espíritu de bitcoin y de su creador pseudónimo, Satoshi, el UASF no surgió de una mesa redonda oficial a puertas cerradas entre los principales protagonistas. En lugar de esto, salió a la luz y fue promovido por un desarrollador pseudónimo, Shaolinfry. De alguna manera, un individuo pseudónimo, unos cuantos seguidores incondicionales de la comunidad y unas cuantas gorras encargadas por Samson Mow, se habían enfrentado a una empresa multimillonaria (Bitmain) apoyada por muchas otras empresas bien financiadas, y habían ganado. Recuerdo que pensé que algo así sólo podía ocurrir en bitcoin. El campo de batalla en bitcoin era único y, por lo tanto, se pueden obtener resultados bastante peculiares.

La actualización del BIP 91 no fue perfecta desde el punto de vista de los *small blockers*: fue demasiado precipitada, las breves ventanas de votación de 336 bloques eran demasiado pequeñas (sólo 2,33 días), la señalización obligatoria de los mineros era arriesgada y, sobre todo, sólo los mineros ejecutaban el BIP 91, lo que hizo que la actualización fuera increíblemente precaria. Podría haber provocado que los mineros y los usuarios se quedaran en cadenas diferentes. En cualquier caso, por complicado y peligroso que fuera el proceso, los *small blockers* se habían salido con la suya: SegWit se había activado, y el UASF parecía haber doblegado a Jihan. Ahora podían centrarse en detener la fase dos del NYA, el *hardfork*.

Los *big blockers* estaban furiosos por estos acontecimientos. Uno de los más prominentes me comentó en persona que las "estúpidas gorras del UASF habían funcionado" y obligado a los mineros a activar SegWit. Estaba especialmente frustrado por el hecho de que todo esto hubiera sucedido antes del 1 de agosto; si hubiera ocurrido después de esa fecha, la narrativa de los *big blockers* de que el NYA había provocado la activación de SegWit, y no el UASF, habría sido más convincente. Los *big blockers* sentían que las partes más extremas del movimiento de los *small blockers* habían tomado el control de bitcoin y activado algo con lo que estaban extremadamente descontentos. Parecían desilusionados con bitcoin en este punto, y ni siquiera estaban particularmente inquietos por la fase dos del NYA.

Me pareció que tal vez Jihan había perdido potencialmente una oportunidad aquí. Podría haber esperado a que pasara la fecha límite del 1 de agosto para activar SegWit en bitcoin. Esto habría hecho aún más difícil para los *small blockers* apoyar la cadena BIP 148, ya que SegWit se habría activado en la otra cadena de todos modos. Jihan podría entonces argumentar que había derrotado al UASF. Sin embargo, Jihan decidió no hacerlo y la razón parecía ser que el UASF funcionaba. Jihan tenía miedo de una división de la cadena, posiblemente sobrestimó el poder de sus oponentes y cedió ante la presión.

Con SegWit activado, los *small blockers* tenían mucha libertad para avanzar con su cadena, bitcoin. Sin embargo, seguía existiendo el problema de que muchas empresas importantes del sector, en particular las estadounidenses y las respaldadas por capital riesgo, se habían comprometido a aumentar el tamaño de los bloques mediante un *hardfork*. No querían que se tratara de una nueva moneda alternativa, sino de bitcoin. Conseguir que estas empresas dieran marcha atrás parecía extremadamente difícil. Por lo tanto, la guerra del tamaño de bloque continuó. Este *hardfork* debía producirse en sólo tres meses, y el campo de batalla se estaba caldeando.

NOTAS

1. https://lists.linuxfoundation.org/pipermail/bitcoin-dev/2017-March/013921.html
2. https://dcgco.medium.com/bitcoin-scaling-agreement-at-consensus-2017-133521fe9a77
3. https://lists.linuxfoundation.org/pipermail/bitcoin-dev/2017-May/014380.html
4. https://imgur.com/a/a2oPs
5. https://github.com/btc1/bitcoin/pull/11
6. https://lists.linuxfoundation.org/pipermail/bitcoin-segwit2x/2017-June/000006.html
7. https://lists.linuxfoundation.org/pipermail/bitcoin-segwit2x/2017-June/000010.html
8. https://twitter.com/cnLedger/status/876018850948567043
9. https://bitco.in/forum/threads/buip055-passed-increase-the-block-size-limit-at-a-fixed-block-height.2103/
10. https://github.com/btc1/bitcoin/issues/29
11. https://lists.linuxfoundation.org/pipermail/bitcoin-segwit2x/2017-June/000060.html

12. https://lists.linuxfoundation.org/pipermail/bitcoin-segwit2x/2017-July/000082.html

13. https://twitter.com/JihanWu/status/888035149073457154

1.

2.

3.

4.

5.

6.

7.

8.

9.

10.

11.

12.

13.

CAPÍTULO 19

BITCOIN CASH

El 30 de junio de 2017, en Arnhem (Países Bajos), se celebró una gran conferencia de *blockchain* llamada "The Future of Bitcoin Conference 2017" (El Futuro de Bitcoin). Entre los oradores se encontraban Jihan Wu, Andrew Stone de Bitcoin Unlimited, Craig Wright (que dio un largo y divagante discurso) y un desarrollador poco conocido llamado Amaury Sechet. Amaury pronunció un discurso titulado "Volver a los fundamentos", en el que presentó lo que denominó "un pequeño proyecto en el que he estado trabajando".[1] Esbozó planes para un nuevo *hardfork*, con un aumento del límite de tamaño de bloque y protección opcional contra replicaciones, para permitir que aquellos que no deseen un aumento del tamaño de bloque continúen en su antigua cadena. Amaury anunció un nuevo cliente, Bitcoin ABC, afirmando que se trataba de una implementación del plan que Jihan había anunciado hacía unas semanas, el UAHF.

Alrededor del 12 de julio de 2017, a pocas semanas de la fecha límite del UASF del 1 de agosto de 2017, se lanzó el nuevo cliente, Bitcoin ABC. A diferencia de los clientes anteriores que implementaban un *hardfork*, Bitcoin XT, Bitcoin Classic, Bitcoin Unlimited y ahora BTC1, hubo una activación de *flag day* fijada para el 1 de agosto de 2017 y sin señalización de mineros. Esto se organizó deliberadamente para coincidir con la fecha límite del UASF. Esta nueva cadena incluiría protección contra borrado, lo que resultaría en una ruptura limpia, y llevaría a cabo un aumento del límite de tamaño de bloque mediante un *hardfork*. La nueva moneda alternativa también excluiría SegWit, algo muy poco popular entre los *big blockers*, aunque en realidad, cuando se miraba bajo el capó, Bitcoin ABC sí incorporaba gran parte de la actualización a SegWit, incluyendo el nuevo algoritmo de *digest*[2] de transacciones que corregía algunos fallos relacionados con las transacciones. Sin embargo, parecía que el ASICBoost encubierto seguiría siendo posible en esta nueva cadena.

Finalmente, los *big blockers* obtendrían lo que querían: una cadena con un límite de tamaño de bloque elevado, sin usar clientes liberados por Bitcoin Core y sin el enfoque inflexible y cauteloso para cambiar las reglas de consenso, que los *big blockers* detestaban por encima de todo. El 17 de julio de 2017, ViaBTC, ahora ampliamente considerado como un proxy de Jihan que a menudo probaría las aguas antes de que la propia Bitmain anunciara una nueva política, declaró que comenzaría un nuevo pool de minería que minaría la nueva moneda. Llamaron a la moneda Bitcoin Cash, con el *ticker* BCC. Este *ticker* cambiaría finalmente a BCH.

> *Vamos a designar el token "Bitcoin Cash" (BCC) a la posible moneda bifurcada provocada por la activación del UAHF*[3]

Aunque muchos en la comunidad *big blocker* apoyaban Bitcoin Cash, la mayoría lo veía como un plan de respaldo o de contingencia, para utilizar en caso de que la fase dos del NYA fallara. El 25 de julio de 2017, Roger Ver, CEO de Bitcoin.com declaró que:

> *Si la parte 2X de Segwit2x no se activa, Bitcoin.com destinará inmediatamente todos los recursos de la empresa a apoyar exclusivamente a Bitcoin Cash.*[4]

El 23 de julio de 2017, cuando solo faltaba una semana para el lanzamiento de Bitcoin Cash, el cofundador de una de las mayores plataformas de criptomonedas del momento, Ben Delo, planteó una cuestión en el GitHub de Bitcoin ABC.[5] Ben estaba preocupado por su papel como fiduciario de sus clientes y por la posibilidad de perder sus *tokens* de Bitcoin Cash o tener que gastar considerables recursos para evitar que su plataforma fuera vulnerable a ataques de replicación. Aunque algunos cuestionaron si esto estaba en el espíritu del plan original de Jihan, y la protección obligatoria contra replicaciones era una de las demandas favoritas de los *small blockers*, Amaury, que estaba deseoso de complacer a los *exchanges* y conseguir que apoyaran el nuevo *token*, accedió a la petición de Ben. A sólo seis días de la creación de la moneda, se añadió a Bitcoin ABC la protección contra replicación bidireccional obligatoria.[6] Por fin íbamos a tener una división limpia, y los dos bandos de esta guerra podrían separarse pacíficamente.

Como se esperaba que Bitcoin Cash fuera la cadena de *hashrate* minoritaria, una de las preocupaciones era que los bloques fueran demasiado lentos al principio y que el periodo de ajuste de dificultad de dos semanas de bitcoin tardara demasiado en tener impacto. Por lo tanto, Bitcoin Cash redujo la dificultad requerida, lo que tuvo otro beneficio involuntario: significaba que los encabezados de bloque de Bitcoin Cash eran incompatibles con bitcoin, y por lo tanto incluso los clientes ligeros de bitcoin y las *wallets* para teléfonos siempre sabrían que no debían seguir la cadena de Bitcoin Cash. Esta era otra característica de seguridad clave que los *small blockers* habían defendido. Sin embargo, más tarde se demostró que el nuevo algoritmo de ajuste de la dificultad era fundamentalmente defectuoso, ya que incentivaba a los mineros a abandonar la red y volver cuando la dificultad se ajustara y mejorara la rentabilidad. El impacto de esto fue que la capacidad de la red Bitcoin Cash osciló de forma volátil, lo que demostró ser una debilidad importante e impactó en la fiabilidad de Bitcoin Cash como red de pagos. También provocó que los bloques se minaran más rápido, lo que acabó provocando que Bitcoin Cash estuviera unos 10.000 bloques por delante de bitcoin, con más monedas de subsidio de bloque minadas antes. Este fue un grave error de Amaury. Debería haber hecho un único ajuste a la baja de la dificultad cuando se lanzó Bitcoin Cash, en lugar de producir un algoritmo completamente nuevo. El algoritmo fue, finalmente, mejorado significativamente; sin embargo, al momento de escribir estas palabras, el problema no ha sido completamente resuelto.

A medida que se acercaba el martes 1 de agosto de 2017, la emoción crecía en ambos lados de la guerra: este iba a ser un día verdaderamente monumental en el espacio *blockchain*. El último bloque común entre bitcoin y Bitcoin Cash fue a la altura 478.559, minado a las 13:16 UTC del 1 de agosto de 2017 por el pool de minería de BTC.com. El siguiente bloque de bitcoin fue minado siete minutos más tarde por ViaBTC. El primer bloque de Bitcoin Cash no fue minado hasta unas cinco horas después, también por ViaBTC. El mensaje de la transacción de Coinbase decía: "¡Bienvenido al mundo, Shuya Yang!" y el tamaño del bloque era de 1,9 MB.

Las monedas por fin se habían dividido, y cada parte podía ahora perseguir su propia visión. El siguiente bloque de Bitcoin Cash también fue minado por ViaBTC. El tercer bloque de Bitcoin Cash, minado a última hora de la noche hora de Hong Kong, fue producido por un minero desconocido y el mensaje de coinbase esta vez fue la frase: "Genesis Block 269-273 Hennessy Road Wan Chai Hong Kong".[7]

Cuando llegué al trabajo al día siguiente, me di cuenta de que la inmensa mayoría de los bloques de Bitcoin Cash contenían este mismo mensaje misterioso. Rápidamente busqué la dirección en Google Maps y parecía estar bastante cerca de donde yo estaba. Como haría cualquier verdadero fanático de las criptomonedas, salí inmediatamente de mi escritorio y me dirigí hacia el sitio. Unos 15 minutos más tarde, llegué al lugar y no pude ver nada destacable. Después de unos cinco minutos de curiosear, vi a Ben Delo, el propietario del *exchange* que había insistido en la protección de replicación obligatoria, que también parecía estar investigando la situación, deambulando por la calle. Charlando con él, me pareció que estaba en la misma situación que yo, profundamente confundido. Finalmente, descubrimos una puerta abierta que conducía a unas escaleras. Tocamos y gritamos "hola", pero no hubo respuesta. Pensando que se trataba de algún tipo de misterioso juego de bitcoin, subimos las escaleras sin ser invitados, sólo para encontrar lo que parecía una obra en construcción. Tras unos cinco minutos de exploración, por fin encontramos a alguien que pudo explicarnos la situación. El edificio iba a ser la sede de un nuevo espacio de bitcoin en Hong Kong, para *startups* y reuniones de la comunidad. El mensaje de los bloques de Bitcoin Cash era sólo marketing, y el propietario de la organización, Peter Ng, también tenía una granja minera que había asignado a Bitcoin Cash para ayudar a promocionar su nuevo local. Sin embargo, el sitio aún no estaba listo y llegamos temprano. Decepcionados por no haber encontrado ninguna gema mágica de Bitcoin Cash, nos fuimos poco a poco y cada uno volvió a su trabajo.

En ese momento, la comunidad de *big blockers* estaba eufórica. Se habían sentido atrapados, intimidados y encarcelados por los *small blockers* durante años, y ahora por fin tenían su libertad. Por fin volvían a tener una moneda que promocionar entre los comerciantes y que utilizar libremente sin las elevadas y agobiantes comisiones de transacción que se les imponían. Esta moneda era suya y ellos tenían el control, igual que lo habían sentido con bitcoin años atrás. También había una sensación de venganza. Era una oportunidad para enseñarle a los *small blockers* lo que podían hacer solos con su nueva moneda, para demostrarles que estaban equivocados.

En el bando *small blocker*, la estrategia principal parecía ser ridiculizar la nueva moneda como una idea estúpida. Algunos *small blockers* habían acuñado la frase "BCash", como una especie de insulto *troll*, en lugar de Bitcoin Cash, eliminando la palabra bitcoin del nombre y disociándola aún más de bitcoin. Esto pareció molestar a algunos *big blockers*, en particular a Roger Ver, lo que fomentó el uso del nombre. También hubo un aspecto económico en la división:

cada poseedor de bitcoin antes de la división tenía ahora la misma cantidad de bitcoin y Bitcoin Cash. Los bandos enfrentados podían vender la moneda que no les interesaba y acumular más de la moneda elegida. Para los *small blockers*, Bitcoin Cash iba a cotizar a un precio bajo, quizás en torno al 2% de bitcoin, lo que indicaba los fallos fundamentales de la visión de los *big blockers*, la falta de demanda de los inversores y los errores técnicos que seguramente cometerían. Algunos *small blockers* declararon que venderían su posición en Bitcoin Cash, haciendo caer el precio hasta el 2%.

En privado, en lo más profundo de algunos círculos *small blockers*, el enfoque con respecto a Bitcoin Cash entre algunos de los mayores propietarios de la moneda era muy diferente a la ridiculización mostrada en público. Había una visión mucho más matizada y táctica. Recuerdo haber hablado con un respetado *small blocker* de la época, con una suma importante de bitcoin. En privado, me dijo que no quería vender su Bitcoin Cash demasiado rápido. Era "vital asegurar el éxito de Bitcoin Cash", me explicó, añadiendo que si vendían demasiado rápido, el precio caería y los *big blockers* no serían optimistas con su nueva moneda. La mayoría de los *small blockers* querían que el bando contrario abandonara bitcoin y dejara de causar problemas promoviendo peligrosos *hardforks*, abogando por agresivos aumentos del límite de tamaño de bloque y retrasando importantes actualizaciones como SegWit. Por lo tanto, se consideró importante asegurarse de que Bitcoin Cash tuviera suficiente "impulso de salida" para asegurarse de que parte de estos *big blockers* se fueran para siempre. Estos parecían pensar que los *small blockers* odiarían la idea de Bitcoin Cash, prefiriendo mantenerlos atrapados dentro de bitcoin. Sin embargo, esto parecía ser un error, ya que casi todos los *small blockers* con los que hablé estaban encantados de verlos marchar.

Bitcoin Cash se había lanzado tan rápidamente, aproximadamente en sólo un mes desde la génesis de la idea, que Bitfinex ni siquiera tuvo tiempo de abrir un mercado de futuros. La moneda acababa de lanzarse. El comercio del *token* comenzó casi de inmediato en varios *exchanges* como Kraken, con Bitcoin Cash cotizando a un precio de entre el 10% y el 12% del precio de bitcoin. Sin embargo, no se podía depositar Bitcoin Cash, ya que no estaba claro si la minería era lo suficientemente segura como para que los *exchanges* aceptaran depósitos. Por lo tanto, los operadores sólo podían operar con Bitcoin Cash asignado a sus cuentas a medida que se producía la división. Por ejemplo, si un usuario tenía 1 bitcoin en Kraken antes de la división, se le asignaba 1 bitcoin y 1 Bitcoin Cash. El lanzamiento de Bitcoin Cash causó enormes problemas a muchas de las plataformas de criptomonedas, que no pudieron satisfacer la demanda de los usuarios que deseaban operar con Bitcoin Cash. Los sitios web de muchas de estas se cayeron y el tiempo transcurrido entre el envío de una orden y su realización se hizo extremadamente largo. Kraken, en particular, gestionó la situación de forma muy deficiente, y algunos usuarios informaron de que las órdenes de mercado tardaban literalmente días en ejecutarse.

Es en este punto cuando la situación se complica un poco. No sólo había *exchanges* al contado, sino también plataformas con apalancamiento y con mercados de deuda de bitcoin, lo que creaba decisiones difíciles para los *exchanges*. Durante el *hardfork* de Bitcoin Cash, las distintas plataformas financieras tenían políticas diferentes. Por ejemplo, la plataforma de derivados BitMEX esencialmente ignoró Bitcoin Cash, y el precio de los futuros sólo siguió a bitcoin. Sin embargo, Kraken, por ejemplo, apoyó Bitcoin Cash, de tal manera que aquellos con posiciones largas apalancadas en bitcoin también recibieron Bitcoin Cash. Por lo tanto, usted podría depositar 1 bitcoin, abrir una posición larga con apalancamiento 3x, y luego recolectar 4 Bitcoin Cash después de la división. En Kraken, si se ponía en corto a bitcoin al momento de la bifurcación, automáticamente se ponía en corto a Bitcoin Cash.

Estas diferentes políticas entre los *exchanges* podían ser explotadas: proporcionaban asimetría, que en teoría puede ser utilizada para ganar Bitcoin Cash gratis. Por ejemplo, poniéndose en corto a bitcoin en BitMEX y en largo en Kraken antes de la división. El mayor *exchange* en el espacio en ese momento, Bitfinex, incluso tenía inconsistencias dentro de su propia política. Si usted había prestado bitcoin en el momento de la división en Bitfinex, entonces también se le debía Bitcoin Cash después de la división. Sin embargo, si usted había pedido prestado bitcoin en el momento de la división, usted no tenía una obligación en Bitcoin Cash después de la división. Esto creó un déficit en el *exchange* y un coeficiente de distribución de Bitcoin Cash de 0,85. Si tenías 1 bitcoin en Bitfinex en el momento de la división, sólo se te asignó 0,85 Bitcoin Cash. Mientras tanto, los que se aprovecharon de esta incoherencia en la política de Bitfinex obtuvieron sustanciosos beneficios. Uno puede pensar que esta política era inapropiada, sin embargo todo era tan nuevo en ese momento y era difícil conceptualizar lo que estaba pasando y formular la política correcta.

La justificación de esta política era que la carga para los clientes que habían pedido bitcoin prestado para salir al mercado y comprar Bitcoin Cash podría haber sido demasiado alta, sobre todo si la liquidez de Bitcoin Cash era baja.

Después de alrededor de una semana de volatilidad, el 6 de agosto de 2017, las principales plataformas finalmente comenzaron a aceptar depósitos de Bitcoin

Cash. La primera de ellas fue Bittrex. Hasta este momento, no había forma de que los *small blockers* vendieran su Bitcoin Cash, a menos que mantuvieran sus bitcoin en un *exchange* antes de la bifurcación. Esto no es algo que a muchos bitcoiners les gustara hacer; preferían evitar el riesgo de contraparte y conservar sus propias claves privadas. En este momento, los *small blockers* podían finalmente enviar sus Bitcoin Cash a un *exchange* y venderlos. Muchos *small blockers* querían vender su Bitcoin Cash lo antes posible, ya que pensaban que estaba sobrevalorado y que el precio caería una vez que otros tuvieran la oportunidad de vender. El primer paso era gastar tus bitcoin y enviarlos a una *wallet* diferente, y sólo entonces importar tu clave privada a la nueva *wallet* de Bitcoin Cash para gastar las monedas. De esta forma, los bitcoin nunca estaban en riesgo por vulnerabilidades de seguridad en los clientes de Bitcoin Cash. Los *small blockers* podían entonces enviar sus Bitcoin Cash a Bittrex y empezar a vender. Sin embargo, la espera fue larga. Dada la volatilidad del *hashrate* de Bitcoin Cash impulsada por el nuevo algoritmo de ajuste de dificultad, los *exchanges* exigían muchas confirmaciones y se tardaba varias horas en hacer un depósito. Todos los que deseaban vender Bitcoin Cash hacían cola en los bloques, esperando las confirmaciones suficientes para vender.

Finalmente, cuando se minaron los primeros bloques que permitían a los usuarios comerciar, el precio de Bitcoin Cash se desplomó instantáneamente, casi un 20%. Los *traders* estaban tan ansiosos por vender Bitcoin Cash que se apresuraron a vender la moneda tan pronto como sus fondos se liberaron. La situación se prolongó durante horas, con el precio de Bitcoin Cash cayendo en picada cada vez que se minaba un bloque, algo que los *small blockers* estaban dispuestos a explotar y sobre lo que bromeaban en las redes sociales. Algunos de los fondos de *trading* del sector empezaron entonces a ver el patrón: desde su punto de vista, los *small blockers* eran vendedores ideológicos y esto era una oportunidad que había que explotar. Estos fondos compraban Bitcoin Cash cuando los *small blockers* vendían, en el momento en que salían los nuevos bloques, y luego lo volvían a vender en el ínterin, a la espera del siguiente bloque. Los chanchullos del mercado impulsados por la división fueron bastante extraordinarios.

Tras esta emoción inicial, y unos cuantos rebotes de Bitcoin Cash, el precio pareció asentarse en el rango del 7% al 15%. La visión dentro de la Guarida de los Dragones y algunos grupos de Telegram que favorecían a los *small blockers* era bastante sofisticada y cautelosa. Circulaban mensajes instando a la gente a no vender Bitcoin Cash por menos del 7% del precio de bitcoin. La lógica parecía ser que se trataba de un mecanismo para hacer pagar a los *big blockers*. Consideremos, por ejemplo, si el precio de conversión entre Bitcoin Cash y bitcoin fuera del 1%;

esto significaría que, si los *big blockers* tuvieran sólo 210.000 bitcoin antes de la división, podrían, en teoría, comprar y acaparar todo el mercado de Bitcoin Cash, los 21 millones de monedas. Una vez hecho esto, los *big blockers* podrían subir el precio y generar grandes ganancias, haciéndose ricos y dispuestos a enfrentarse a bitcoin desde una posición de fortaleza. Por el contrario, si la tasa de cambio fuera del 10%, a los *big blockers* les costaría 10 veces más bitcoin acumular Bitcoin Cash. Algunos de los *small blockers* eran conscientes de este problema y por eso alentaron a sus compatriotas a no vender, al menos no por debajo del 7%. "Hacerles pagar" era una frase popular que se extendió en privado en algunos círculos de *small blockers* en aquel momento. Estos acontecimientos me parecieron absolutamente fascinantes. Lo que había sido en gran medida una guerra fría, esencialmente una batalla sobre comunicaciones y política, era ahora en gran medida una guerra abierta financierizada sobre flujos de inversión, mercados, *trading* y ganancias.

A principios de septiembre de 2017, me reuní con un grupo de varios *big blockers* destacados. La opinión consensuada era que la idea principal de Bitcoin Cash era una amenaza, y obligaría al ecosistema en general a adoptar la fase dos del NYA. La gente vería que los *big blockers* "ya no están jugando", debido a la existencia de Bitcoin Cash. Me aseguraron que el plan funcionaba, ya que la amenaza de Bitcoin Cash era muy real. Recuerdo que pensé que no podían estar más equivocados. En primer lugar, Bitcoin Cash fue una separación de la cadena; recordó a los mineros y a los *exchanges* que una separación de la cadena era casi inevitable si se producía la fase dos del NYA. La división de Ethereum en julio de 2016 fue hace más de un año y se desvaneció de la memoria, y ahora Bitcoin Cash era un recordatorio reciente. Bitcoin Cash también había supuesto una gran carga administrativa para las plataformas y había introducido toda una serie de complejidades, como la gestión de los saldos de márgenes y los mercados de deuda. Lo último que querían los *exchanges* era volver a hacer todo esto dentro de unos meses. Al mismo tiempo, los *small blockers* argumentaron que los *big blockers* habían violado el NYA al apoyar una nueva moneda derivada y que, por tanto, el NYA era nulo. De hecho, si después de firmar el acuerdo uno puede apoyar múltiples ramificaciones de la cadena, ¿qué sentido tiene el acuerdo? Al afirmar que Bitcoin Cash ayudaría a garantizar que el ecosistema cumpliera con la fase dos del NYA, los *big blockers* habían malinterpretado totalmente la situación y, de hecho, la habían entendido al revés. Parece como si estos se hubieran disparado a sí mismos en el pie, una vez más. Otro gran error táctico.

NOTAS

1. https://www.youtube.com/watch?v=Byow43NQdiY
2. Un algoritmo de *digest* es un término más general que se refiere a cualquier algoritmo utilizado para producir un *output* de tamaño fijo *(digest)* a partir de una entrada específica de longitud arbitraria (N. del T.).
3. https://viabtc.medium.com/statement-on-bitcoin-user-activated-hard-fork
-6e7aebb67e67
4. https://www.reddit.com/r/btc/comments/6peqwr/if_the_2x_portion_of _segwit2x_fails_to_activate/
5. https://github.com/Bitcoin-ABC/bitcoin-abc/issues/24
6. https://reviews.bitcoinabc.org/D371
7. https://blockchair.com/bitcoin-cash/block/478563

1. 3. 4.

5. 6. 7.

CAPÍTULO 20

SEGWIT2X

La mayoría de los *small blockers* habían permanecido en silencio en lo que respecta a su campaña contra la fase dos del NYA, esperando a que la fase uno se desarrollara con éxito antes de involucrarse de forma más agresiva. En agosto de 2017, con SegWit asegurado, llegó el momento de intensificar la campaña contra la segunda fase. En este punto del conflicto, en marcado contraste con el inicio de la guerra, los *small blockers* tenían una clara y fuerte mayoría de usuarios a su favor. A todos los efectos, estos habían persuadido a una gran parte de la comunidad y de los comerciantes para que se unieran a sus filas, tanto por el poder de la argumentación y el razonamiento como por el impulso y el éxito que habían logrado. La mayoría de la gente sólo quería apoyar al bando ganador.

A medida que avanzaba el conflicto, los protagonistas del bando *big blocker* habían cambiado. En la primera ronda, los *small blockers* habían derrotado a Gavin Andresen y Mike Hearn, y luego a Roger Ver y Jihan Wu en la segunda ronda. Por último, había un tercer grupo de personajes a los que derrotar, Jeff Garzik y Mike Belshe. Jeff era el desarrollador principal del cliente SegWit2x y Mike, el CEO de BitGo, habían tomado de alguna manera la posta del bando *big blocker*. Roger Ver y Jihan Wu se habían retirado de la guerra en este punto, centrando sus esfuerzos en la promoción de Bitcoin Cash.

El 3 de agosto de 2017, se incorporó una *pull request*[1] a Bitcoin Core, y el nuevo código bloqueaba a los *peers* de BTC1 para que no pudieran establecer conexiones con Bitcoin Core.[2] Dado que se esperaba que las redes se dividieran de todos modos, se podría argumentar que se trataba de una buena medida para ambas monedas, ya que les permitía tener un *peering* más fuerte con nodos de la misma red que ellas. Sin embargo, Jeff Garzik no estaba contento con esto y comentó:

> *Esto crea divisiones en la cadena a pesar de que Bitcoin Core y los nodos segwit2x están validando el 100% de las mismas reglas hoy; crea divisiones en la cadena debido a una presunta desviación futura de las reglas. El resultado es un montón de islas no deterministas. Este es un cambio muy hostil e inseguro antes del despliegue del fork segwit2x.*

Aunque, técnicamente, este cambio al *peering* de Bitcoin Core era una ventaja para ambas monedas en caso de división, el mensaje político era claro. Bitcoin Core no implementaría SegWit2x y continuaría trabajando en la cadena de bitcoin existente.

Otra táctica utilizada por los *small blockers* para tratar de persuadir a la comunidad de no ejecutar BTC1 fue destacar la aparente hipocresía de Jeff Garzik. En 2012, Garzik apareció para articular la narrativa *small blocker*, planteando exactamente los mismos puntos que los *small blockers* estaban afirmando hoy:

> *Un 51% de poder de hashing, o incluso un 90%, no significa nada si los clientes se niegan colectivamente a aceptar y retransmitir tus bloques.*[3]

En febrero de 2013, Garzik habló incluso de la importancia económica de un *hardfork* y de los problemas asociados a la falta de protección obligatoria contra replicaciones. Esto fue particularmente conmovedor para mí, ya que fue la primera vez que estuve expuesto a muchos de estos argumentos. Y ahora, irónicamente, aquí estaba la misma persona que desarrollaba y promocionaba el cliente haciendo exactamente lo que había argumentado en contra unos cuatro años antes. Por supuesto, cambiar de opinión con el paso del tiempo puede ser totalmente legítimo, y esto no implica en absoluto que Jeff estuviera siendo malintencionado o un hipócrita. Sin embargo, esto provocó que los *small blockers* acusaran a Jeff de "venderse a los trajeados". En febrero de 2013, Jeff escribió:

> *Es crucial entender el concepto y, sí, el impacto económico de un hard fork antes incluso de abordar el análisis económico de cambiar el tamaño máximo de bloque. Un hard fork es un acontecimiento significativo que expulsa a los usuarios legítimos de la red, hace que las monedas no se puedan gastar, o potencialmente hace que las mismas monedas se puedan*

> *gastar en dos lugares diferentes, dependiendo de si se está hablando o no con un nodo actualizado. Es, por elegir un término dramático, un evento ligado a la extinción. Si se hace mal, un hard fork podría hacer imposible que comerciantes razonables confiaran en los bitcoin que reciben, la base misma de su valor económico. Además, un hard fork es similar a una Convención Constitucional: un hard fork implica la capacidad de reescribir las reglas básicas de bitcoin, ya sea el tamaño de los bloques, el límite de 21M, el hash SHA256 u otros comportamientos. Por lo tanto, siempre existe el riesgo de que mineros, usuarios y desarrolladores impredecibles cambien algo más que el tamaño de bloque, precisamente porque tiene más sentido desde el punto de vista de la ingeniería modificar otras características difíciles de cambiar en el momento del hardfork. Es una opción nuclear con amplias consecuencias económicas para todos los usuarios de bitcoin.*[4]

Otra táctica de los *small blockers* era trabajar sobre la lista oficial de partidarios de SegWit2x basándose en el documento del NYA. El plan consistía en organizar reuniones y llamadas con las empresas y explicarles los defectos del acuerdo; en particular, que provocaba una división que, a diferencia de Bitcoin Cash, carecía de protección obligatoria contra replicaciones, lo que probablemente causaría pérdidas de fondos. Había una larga lista de empresas, y tal vez algunas de ellas no entendieron las debilidades del NYA. Si alguna de ellas desertara, esto socavaría enormemente el acuerdo. Demostraría que el plan tenía un impulso negativo y carecía de consenso incluso entre los signatarios originales, por no mencionar el consenso de la comunidad en general.

La primera deserción se produjo el 22 de agosto de 2017. Bitwala anunció que no seguiría el acuerdo:

> *Hemos recibido un número creciente de consultas sobre el apoyo de Bitwala al Acuerdo de Nueva York (abreviado "NYA").*
>
> ...
>
> *El acuerdo ayudó a superar prematuramente los umbrales de activación para Segregated Witness, de modo que el soft fork necesario se llevó a cabo sin más contratiempos. Casi al*

mismo tiempo, varios mineros decidieron crear una bifurcación de bitcoin sobre la base del mismo bloque de génesis que bitcoin, bautizando esta moneda como "Bitcoin Cash" ("BCH"), eliminando Segregated Witness de esa cadena e implementando cambios que incluían (entre otros) soporte para bloques de hasta 8MB.

...

Bitwala no emplea ni patrocina a desarrolladores de bitcoin, por lo que tenemos poca influencia sobre lo que hace el equipo de desarrollo de Core. Nos gustaría cumplir el acuerdo que suscribimos (como uno de los primeros impulsores, sin saber que la mayoría de los desarrolladores no entrarían en el acuerdo). Sin embargo, también somos una empresa de servicios que sigue y seguirá siempre lo que nuestros clientes usan y quieren usar.

...

No nos separaremos activamente de lo que consideramos "bitcoin", que es la cadena apoyada por el actual equipo de desarrollo de Core.[5]

Este fue un momento importante en la batalla contra la fase dos del NYA: la primera deserción. Sin embargo, no fue una deserción perfecta. Bitwala parecía querer seguir la cadena apoyada por el "equipo actual de desarrolladores de Bitcoin Core", en lugar de la cadena de reglas existentes, a menos que haya un apoyo generalizado para cambiar las reglas. Esto alimentó la idea equivocada de que esta batalla era la de los desarrolladores contra los mineros, y que Bitwala había elegido el bando de los desarrolladores. A pesar de esta interpretación del conflicto por parte de los *big blockers*, los *small blockers* celebraron y aceptaron la victoria.

A pesar de esta deserción, Mike Belshe estaba dispuesto a seguir impulsando el proyecto y mantener las cosas en marcha. El 23 de agosto de 2017, escribió a la lista de correo de SegWit2x, declarando:

Con la activación de SegWit, es un buen momento para enviar una rápida actualización del proyecto. Habrás notado que el equipo SegWit2x ha estado bastante tranquilo últimamente. Eso es una buena señal, ya que indica que el código está funcionando como se esperaba. El objetivo de SegWit2x es crear un código simple y estable que sea relativamente "aburrido". Si no escuchas mucho del desarrollo de SegWit2x en las próximas semanas, es una buena señal.[6]

El 31 de agosto, uno de los pools mineros que firmaron el acuerdo, F2Pool, anunció su intención de no apoyar SegWit2x. Aunque, en ese momento, el pool todavía tenía la *flag* "NYA" en sus bloques, el operador del pool, Wang Chun, dijo que el pool planeaba eliminar la *flag* cuando reiniciara sus servidores.[7] Con un pool de minería grande, la cadena bitcoin avanzaría y, mientras los inversores prefirieran la cadena original de bitcoin (lo que parecía probable en ese momento), era probable que más mineros violaran el acuerdo y minaran el bitcoin original para asegurarse mayores ganancias.

El 1 de septiembre, el CEO y fundador de otra empresa que firmó el NYA, Wayniloans, tuiteó que nunca estuvieron de acuerdo con todo el NYA y que el acuerdo cambió después de que Wayniloans lo firmara. Esto se confirmó por email unas semanas más tarde, a lo que Barry Silbert respondió, indicando cierto grado de decepción:

Por supuesto, usted es bienvenido a retirar el apoyo a SegWit2x, pero su declaración a continuación no es exacta. Tengo un email suyo del domingo 21 de mayo a las 8:40 pm ET confirmando el apoyo a la declaración final y completa que se publicó el 23 de mayo. Además, como recordatorio, a mí se me habló de añadir Wayniloans al acuerdo, no al revés, así que no tengo ni idea de lo que le dijeron.[8]

El número de deserciones comenzó a aumentar en ese momento. El 26 de septiembre de 2017, Vaultoro desertó:

Firmamos mucho antes de la bifurcación de Bcash. Firmamos porque quería ayudar a desbloquear el estancamiento entre los bandos. Funcionó, ahora tenemos segwit. Como cualquier buen hombre de negocios, me atengo a mi palabra / firma y habría cumplido con 2x pero no puedo sin protección contra replicaciones.[9]

El *exchange* sudamericano surBTC también se retractó de su apoyo al NYA:

> *Sin embargo, no podemos pretender ser "expertos en escalado" de bitcoin. No creemos en intentar forzar un cambio con el que los desarrolladores de Bitcoin Core no se sientan seguros. La formación técnica del equipo que actualmente colabora en Bitcoin Core tiene un nivel sin precedentes, creemos que son, al menos como grupo, expertos imparciales que merecen al menos una voz en el tema. Aunque estaríamos encantados de tener bloques moderadamente más grandes para acomodar la creciente demanda, creemos que bitcoin necesita (al menos una mayoría) del apoyo de los desarrolladores de Bitcoin Core para hacerlo de forma responsable. No hemos visto este apoyo y no nos gusta lo que vemos actualmente en el repositorio de código de BTC1 en términos de consideraciones técnicas y colaboración de código abierto.*[10]

El *exchange* Crypto Facilities, con sede en el Reino Unido, abandonó entonces el acuerdo. El CEO de Kraken, la empresa que acabaría comprando Crypto Facilities, también manifestó su oposición a SegWit2x debido a la falta de protección contra replicaciones.[11] Otro signatario, Bitfury, también indicó que potencialmente no estaba dispuesto a seguir adelante con la segunda fase del NYA.[12] Resultaba casi imposible hacer un seguimiento de todas las deserciones y el acuerdo parecía desmoronarse.

También se produjeron deserciones en el bando *big blocker*. Otro signatario, Yours, anunció que se pasaba por completo a la cadena Bitcoin Cash.[13] El principal pool de minería interno de Bitmain, Antpool, también había empezado a minar Bitcoin Cash. Por supuesto, se podría argumentar que apoyar o minar Bitcoin Cash no es incumplir el acuerdo. Se podría decir que es totalmente legítimo que las empresas minen varias monedas para generar ganancias o apoyar monedas en varias cadenas. Esto es, por supuesto, un negocio normal y aceptable. Sin embargo, si se diera el caso de que los firmantes pudieran seguir apoyando las dos monedas después de la división y los mineros fueran libres de minar en ambos lados de la división, también se podría argumentar que el NYA carecía en gran medida de sentido y que sobrevivirían dos cadenas. Los *small blockers* argumentaban que por eso era necesaria la protección obligatoria contra replicaciones y que, sin ella, SegWit2x era potencialmente hostil y, por consiguiente, las empresas responsables no debían apoyarlo.

A pesar de que las posibilidades de SegWit2x disminuían rápidamente y las demandas de protección contra replicaciones eran cada vez más fuertes, el 8 de octubre de 2017, Mike Belshe siguió adelante:

> *La "Replay protection", como ustedes la denominan, divide la cadena. Simplemente no tiene sentido, de repente estarías rompiendo más de 10 millones de clientes SPV que de otro modo funcionarían bien. Es un objetivo de segwit2x ayudar a evitar esto. Hoy en día, estamos en vías de desplegar segwit2x con una gran mayoría de los mineros todavía señalizando a favor. Además, el 99,94% de los nodos y clientes SPV seguirán automáticamente esa cadena más larga (segwit2x). Sé que algunos no quieren que bitcoin funcione de esta manera, pero esta es la forma en que se implementan las actualizaciones de bitcoin.*[14]

Algunos partidarios de SegWit2x empezaron entonces a argumentar que la cadena original debería implementar la protección contra replicaciones obligatoria, porque iba a ser la cadena de *hashrate* minoritario. Sin embargo, esto no era realmente posible, porque la protección contra replicaciones obligatoria probablemente sería un cambio incompatible y, por lo tanto, daría lugar a una nueva moneda y a una división de la cadena, lo que daría como resultado no dos, sino tres monedas. Los *small blockers* respondieron argumentando que sólo el cliente incompatible puede implementar dicha protección.

El 6 de octubre de 2017, Bitfinex listó diferentes *tokens* ante una división de la cadena para la actualización SegWit2x, al igual que había hecho con Bitcoin Unlimited a principios de año. Las monedas cotizaron entre el 20% y el 4% del precio de bitcoin, lo que indica que la mayor parte de la economía, al menos los inversores y comerciantes, favorecían las reglas originales bitcoin y no SegWit2x.

Bitfinex también aclaró su postura con respecto a la división de la cadena, afirmando que inicialmente consideraría la cadena de reglas existente, o lo que denominó la "implementación vigente" como bitcoin y la cadena SegWit2x como una moneda alternativa denominada "B2X". Esta política de Bitfinex se aplicaba incluso si B2X tenía más poder *hashing*. Sin embargo, Bitfinex dejó la puerta abierta a apoyar el NYA, afirmando que "las fuerzas del mercado podrían sugerir un esquema de etiquetado alternativo". En esencia, Bitfinex indicaba que, en última instancia, dependía de los inversores y comerciantes qué moneda se definiría como bitcoin, determinando qué moneda tenía el precio de mercado más alto.

> *Como parece probable que se active el protocolo de consenso propuesto por el proyecto Segwit2x, hemos optado por designar la bifurcación Segwit2x como B2X, por ahora. La implementación vigente (basada en el protocolo de consenso bitcoin existente) continuará operando como BTC incluso si la cadena B2X tiene más poder de hashing. Hacemos esto por razones prácticas y operativas. Las consideraciones políticas son irrelevantes aquí. Aunque no podemos cambiar o reasignar los símbolos de ticker, sí podemos cambiar la etiqueta o descripción asociada a ese símbolo de ticker. Por el momento, BTC seguirá siendo "bitcoin" y B2X será "B2X". Esto seguirá siendo así hasta que las fuerzas del mercado sugieran un esquema de etiquetado alternativo, más apropiado, para una o ambas cadenas.*[15]

Alrededor de una semana más tarde, el 13 de octubre de 2017, BitMEX emitió una declaración aún más fuerte que Bitfinex, indicando nuevamente que consideraría B2X como una moneda alternativa, incluso si tuviera un *hashrate* más alto que bitcoin:

> *La propuesta SegWit2x (B2X) tiene como objetivo aumentar el tamaño máximo de bloque . Está previsto que tenga lugar en noviembre de 2017. Este cambio es incompatible con el actual conjunto de reglas de bitcoin y, por lo tanto, es posible que se cree una nueva moneda. Los defensores de esta nueva moneda esperan que se conozca como bitcoin, sin embargo, qué moneda se conozca como bitcoin no depende de los defensores del nuevo token. Los inversores y comerciantes pueden decidir qué moneda tiene el valor más alto. Para que este proceso funcione sin problemas, es necesaria una fuerte protección bidireccional contra la replicación de transacciones. Entendemos que la propuesta SegWit2x no incluye esta protección, activada por defecto. Por lo tanto, BitMEX no podrá soportar SegWit2x. Como tal, BitMEX no apoyará la distribución de B2X, ni será responsable de cualquier B2X que se nos envíe. Esta política*

> *se aplica incluso si la cadena SegWit2x tiene el hashrate mayoritario.*[16]

El 23 de octubre, Arthur Hayes, consejero delegado de BitMEX, publicó un blog titulado "Trading ShitCoin2x".[17] El meme "ShitCoin2x" fue celebrado por los *small blockers*, y la situación se presentaba desoladora para el remanente de partidarios del NYA. Si lanzaban su moneda, parecía que sería otra *altcoin* que cotizaría por debajo del 10% del precio de bitcoin.

Al día siguiente, Jeff Garzik anunció que iba a lanzar una nueva moneda alternativa llamada "Metronome". Esta fue otra oportunidad para que los *small blockers* arremetieran contra el proyecto SegWit2x, alegando que el desarrollador principal había perdido el foco y ahora estaba trabajando en otros proyectos. Bloomberg informó del anuncio de la siguiente manera:

> *Jeff Garzik, uno de los principales desarrolladores que ayudaron a crear el software de base de bitcoin, conocido como blockchain, ha visto de primera mano sus deficiencias. Así que ha decidido crear una moneda digital mejor. La llama Metronome y dice que será la primera que pueda saltar entre distintas blockchains. La movilidad significa que si una blockchain desaparece como resultado de luchas internas entre desarrolladores o de un uso más lento, los propietarios de Metronome pueden trasladar sus monedas a otro lugar. Garzik, cofundador de la startup Bloq, creadora de metronome, afirmó en una entrevista telefónica que esto debería ayudar a las monedas a conservar su valor y garantizar su longevidad.*[18]

El 23 de octubre de 2017, Coinbase anunció su política con respecto a SegWit2x. Coinbase era signataria del NYA y, en ese momento, no había renegado de su apoyo al acuerdo. La compañía también tenía un historial de apoyo a todos los otros intentos de *hardfork* y por lo tanto su política con respecto a esta división fue ampliamente anticipada. Al igual que Bitfinex y BitMEX, Coinbase indicó que había abandonado el NYA y que consideraría la moneda SegWit2x como una moneda alternativa:

> *Bitcoin Segwit2x - La bifurcación Bitcoin Segwit2x está prevista para el 16 de noviembre y dará lugar temporalmente a dos*

blockchains de bitcoin. Tras la bifurcación, Coinbase seguirá refiriéndose a la actual blockchain de bitcoin como bitcoin (BTC) y a la blockchain bifurcada como Bitcoin2x (B2X).[19]

Los *small blockers* celebraron el acontecimiento. Coinbase parecía haberse unido finalmente a su bando y esta fue la estocada final para SegWit2x. Los *small blockers* enviaron muchos emails y mensajes a Brian Armstrong, el CEO de Coinbase, felicitándolo por la política. Coinbase tenía la responsabilidad fiduciaria de proteger los activos de sus clientes y apoyar potencialmente a ambas partes de la división de todos modos, por lo que algunos argumentaron que era inapropiado para cualquier custodio firmar un acuerdo comprometiéndose a un solo lado de una posible división. Tal vez la empresa se haya dado cuenta ahora de que firmar el NYA fue inapropiado.

Sin embargo, sorprendentemente, dos días después, Coinbase emitió otra publicación en su blog que contradecía la anterior. Esta vez, la empresa afirmó que consideraría como bitcoin a la cadena que tuviera la mayor dificultad acumulada:

> *En nuestro anterior blogpost indicamos que en el momento de la bifurcación, la cadena existente se llamará bitcoin y la bifurcación Segwit2x se llamará Bitcoin2x. Sin embargo, algunos clientes nos han pedido que aclaremos qué ocurrirá después de la bifurcación. Vamos a llamar bitcoin a la cadena con mayor dificultad acumulada.*[20]

Por supuesto, incluso esta declaración puede interpretarse como una renegación del NYA; el propósito del acuerdo original era que los firmantes apoyaran la nueva moneda como bitcoin, no adoptar lo que parecía ser una postura neutral entre la moneda original y la nueva moneda. Los *small blockers* reaccionaron desconcertados ante esta nueva política de Coinbase, que también fue adoptada por otras plataformas con sede en EE.UU., como Gemini.[21]

La nueva política de Coinbase tenía poco sentido cuando se pensaba en el proceso con más detalle. Cuando se tratase del libro de órdenes y del *ticker*, ¿no necesitaría Coinbase elegir una moneda que heredase la original? Si no, Coinbase tendría que cerrar el *exchange*. Esto parecía una mala decisión empresarial, que se traduciría en una pérdida de ingresos justo cuando la demanda de operaciones iba a repuntar. Además, ¿en qué momento determinaría Coinbase qué cadena tenía más *hashrate*: al cabo de una hora, un día, una semana, un mes o un año?

Coinbase nunca lo reveló. Por supuesto, era posible que la ventaja en *hashrate* oscilara entre las monedas competidoras. También es probable que los mineros se fijaran en los mercados para determinar qué moneda tenía más valor y, por tanto, les ayudara a informarse sobre qué moneda querían minar. Si los *exchanges* cerraran, ¿cómo tomarían los mineros esta decisión? Ambos grupos, *exchanges* y mineros, se estarían esperando mutuamente. ¿No se estaba alejando Coinbase de su responsabilidad de ayudar a garantizar el orden y el funcionamiento de los mercados en estos tiempos de incertidumbre? ¿Y su responsabilidad de ayudar a facilitar el proceso económico mediante el cual los inversores pudieran expresar su opinión, que luego se transmitiría a los mineros? Me parecía que el enfoque que Bitfinex y BitMEX habían decidido adoptar era mucho más responsable y claro que el enfoque desordenado y confuso de Coinbase.

A finales de octubre, el impulso en contra de SegWit2x en la comunidad bitcoin era casi imparable. Reuniones locales de todo el mundo emitieron declaraciones oponiéndose a SegWit2x y confirmando que considerarían la cadena de reglas originales como bitcoin. Las declaraciones fueron realizadas por comunidades locales en regiones que incluían Corea,[22] Hong Kong,[23] Italia,[24] Alemania,[25] Israel,[26] y Brasil y Argentina.[27] La declaración israelí decía:

> *Creemos que un cambio de protocolo en la moneda que lleva el nombre de "bitcoin", especialmente uno que requiera un hard fork, requiere un consenso abrumador. El hard fork SegWit2x no goza en modo alguno de dicho consenso, y mientras este siga siendo el caso no podemos referirnos a la moneda resultante como "bitcoin".*

La comunidad de Hong Kong utilizó un lenguaje aún más contundente:

> *SegWit2x no incluye una sólida protección contra la replicación de transacciones ni cuenta con el consenso generalizado de la comunidad. Debido a la combinación de la falta de consenso en la comunidad y la falta de una fuerte protección contra replicaciones, consideramos que SegWit2x es una iniciativa imprudente que causará trastornos y daños al ecosistema. En consecuencia, nos oponemos firmemente a SegWit2x. Esto sigue siendo cierto incluso si la cadena SegWit2x tiene el hashrate mayoritario o un precio más alto.*

La última conferencia de escalado celebrada durante la guerra del tamaño de bloque, "Scaling IV", tuvo lugar en la Universidad de Stanford (Estados Unidos) el fin de semana del 4 y 5 de noviembre de 2017. Al igual que ocurrió con la primera conferencia en Montreal, a mí se me terminaban las vacaciones anuales en el trabajo, así que decidí volar desde Hong Kong para hacer una visita rápida durante el fin de semana. El evento fue un asunto tranquilo y calmado y estaba claro que la guerra estaba llegando a su fin. Prácticamente nadie en la conferencia apoyaba SegWit2x. Sin embargo, hubo una notable excepción. Bobby Lee dio una charla al final del primer día sobre "bitcoin en China". Bobby era uno de los pocos partidarios entusiastas de SegWit2x, creyendo que era un compromiso que unía a ambas partes. A esta altura, Bobby era uno de los últimos partidarios de SegWit2x que aún parecían pensar que era potencialmente viable. Esto ocurría a pesar del hecho de que la propia plataforma de Bobby, BTCC (signataria del NYA), había implementado diferentes *tokens* ante la división de la cadena y la moneda SegWit2x estaba cotizando en torno al 10% del precio de bitcoin. Bobby se había negado obstinadamente a dar marcha atrás en el NYA. Al final del discurso de Bobby en Stanford, llegó el momento de las preguntas. Sin embargo, justo antes, Bobby dijo:

> *Voy a evitar hablar de SegWit2x y el NYA, vamos a mantenerlo centrado en el mercado de China y cualquier otra cosa*[28]

Bobby parecía saber que SegWit2x era poco popular y que sería acosado con preguntas negativas sobre la propuesta. Bobby no tuvo el coraje de afrontarlo y responder. Adiós a la idea de persuadir a la comunidad para que apoyara SegWit2x; en este punto, sus defensores se negaban a ser cuestionados sobre la idea.

Al llegar a noviembre, se acercaba la fecha límite. SegWit2x debía activarse a la altura del bloque 494.784[29] el 15 de noviembre de 2017. Un rumor comenzó a circular en algunos de los canales *big blockers*. Jihan Wu supuestamente había dicho que solo minaría SegWit2x a pérdida durante dos días, momento en el que si no era económico seguir minando SegWit2x, volvería a bitcoin y Bitcoin Cash. Bitmain ya había gastado mucho dinero minando Bitcoin Cash a pérdida durante algunos periodos y, al parecer, quería evitar malgastar más dinero. Los *big blockers* nunca apoyaron realmente SegWit2x, sus corazones se fueron a Bitcoin Cash. SegWit2x no contaba con el apoyo de los usuarios. No tenía red de nodos; con casi todo el mundo ejecutando Bitcoin Core, las plataformas de criptomonedas habían rechazado SegWit2x o adoptado una postura neutral. Ahora, el único grupo de apoyo que quedaba para SegWit2x, los mineros, parecía estar diluyéndose.

SegWit2x estaba muerto. Los *small blockers* se preparaban para una victoria sensacional. Ya no era cuestión de si sucedería, sino de cuándo.

NOTAS

1. Una *Pull Request* es una petición para integrar propuestas o cambios de código a un proyecto (N. del T.).
2. https://github.com/bitcoin/bitcoin/pull/10982
3. https://bitcointalk.org/index.php?topic=93366.msg1031394#msg1031394
4. https://bitcointalk.org/index.php?topic=145809.msg1549003#msg1549003
5. https://web.archive.org/web/20170905013443/https:/www.bitwala.com/bitwala-statement-segwit2x/
6. https://lists.linuxfoundation.org/pipermail/bitcoin-segwit2x/2017-August
/000265.html
7. https://www.coindesk.com/f2pool-reneges-mining-pool-pulls-segwit2x-support-hard-fork?ref=coinwisdom.org
8. https://lists.linuxfoundation.org/pipermail/bitcoin-segwit2x/2017-September
/000304.html
9. https://twitter.com/JScigala/status/912603668813434880
10. https://blog.buda.com/our-stance-on-the-segwit2x-hard-fork/
11. https://twitter.com/TuurDemeester/status/898571708092866560
12. https://twitter.com/martinjamescox/status/893813681850638336

13. https://www.reddit.com/r/btc/comments/6w2467/hi_im_ryan_x_charles
_cofounder_ceo_of_yours_we/

14. https://lists.linuxfoundation.org/pipermail/bitcoin-segwit2x/2017-
October
/000323.html

15. https://www.bitfinex.com/posts/223

16. https://blog.bitmex.com/policy-on-bitcoin-hard-forks-update/

17. https://blog.bitmex.com/trading-shitcoin2x/

18. https://www.bloomberg.com/news/articles/2017-10-24/bitcoin-pioneer-says-new-coin-to-work-on-multiple-blockchains

19. https://www.coinbase.com/blog/timeline-and-support-bitcoin-segwit2x-and-bitcoin-gold

20. https://www.coinbase.com/blog/clarification-on-the-upcoming-segwit2x-fork

21. https://www.gemini.com/blog/upcoming-bitcoin-hard-fork-modified-exchange-operations

22. https://medium.com/@seoulbitcoin/statement-on-segwit2x-161db1ad1976

23. https://www.bitcoin.org.hk/segwit2x-statement/

24. https://medium.com/@BHBnetwork/italian-community-no2x-
statement
-d14cd06fcc6a

25. https://www.reddit.com/r/Bitcoin/comments/765k1a/bitcoin_munich_meetup
_official_statement_about_b2x/

26. https://bitcoin.org.il/files/IBA_Statement_Segwit2x.pdf

27. https://hackernoon.com/why-the-brazilian-and-argentinian-bitcoin-communities-oppose-segwit2x-801edc213af8?gi=d4efb14bcfaf

28. https://www.youtube.com/watch?v=LDF8bOEqXt4

29. https://segwit2x.github.io/segwit2x-announce.html

2. 3. 4.

5. 6. 7.

8. 9. 10.

11. 12. 13.

14. 15. 16.

17. 18. 19.

20.

21.

22.

23.

24.

25.

26.

27.

28.

29.

CAPÍTULO 21

VICTORIA

El miércoles 8 de noviembre, a las 16.58 UTC, cuando sólo faltaba una semana para la activación de SegWit2x, Mike Belshe envió un email a la lista de correo de SegWit2x, firmado también por otros destacados partidarios de SegWit2x. El mensaje era básicamente una rendición incondicional: la segunda fase del NYA quedaba oficialmente abandonada. Los partidarios de SegWit2x tenían pocas opciones: si hubieran seguido adelante, simplemente habría dado lugar a una nueva moneda alternativa que habría sido menos popular que Bitcoin Cash. Es en este punto, 816 días después de que comenzara la guerra, cuando señalo el cese formal de las hostilidades.

> *El esfuerzo de Segwit2x comenzó en mayo con un simple propósito: aumentar el tamaño de los bloques y mejorar la escalabilidad de bitcoin. En aquel momento, la comunidad bitcoin estaba en crisis tras casi 3 años de intenso debate, y el consenso para Segwit parecía un espejismo lejano con sólo un 30% de apoyo entre los mineros. Segwit2x encontró su primer éxito en agosto, ya que rompió el estancamiento y condujo rápidamente a la activación exitosa de Segwit. Desde entonces, el equipo ha centrado sus esfuerzos en la segunda fase del proyecto: un aumento del tamaño de bloque a 2 MB.*
>
> *Nuestro objetivo siempre ha sido una actualización sin problemas para bitcoin. Aunque creemos firmemente en la necesidad de un mayor tamaño de bloque, hay algo que consideramos aún más importante: mantener unida a la comunidad. Desafortunadamente, está claro que no hemos construido el consenso suficiente para una actualización limpia del tamaño de bloque en*

este momento. Continuar por el camino actual podría dividir a la comunidad y ser un revés para el crecimiento de bitcoin. Este nunca fue el objetivo de Segwit2x.

A medida que aumenten las comisiones en la blockchain, creemos que terminará siendo obvio que es necesario aumentar la capacidad on-chain. Cuando eso ocurra, esperamos que la comunidad se una y encuentre una solución, posiblemente con un aumento del tamaño del bloque. Hasta entonces, suspendemos nuestros planes para la siguiente actualización a 2MB.

Queremos dar las gracias a todos los que han contribuido constructivamente a Segwit2x, tanto si estaban a favor como en contra. Sus esfuerzos son los que hacen grande a bitcoin. Bitcoin sigue siendo la mayor forma de dinero que la humanidad ha visto jamás, y seguimos dedicados a proteger y fomentar su crecimiento en todo el mundo.

Mike Belshe, Wences Casares, Jihan Wu, Jeff Garzik, Peter Smith y Erik Voorhees[1]

Con la caída de Bitcoin XT, Bitcoin Classic y Bitcoin Unlimited, y ahora la retirada formal de BTC1 por parte de sus partidarios, la guerra había terminado. Los *big blockers* estaban exhaustos; podían ver que sus metodologías no funcionaban y no había forma de que lanzaran otra polémica propuesta de *hardfork*. Tras más de dos años de intensa guerra, esta fue una victoria sensacional para los *small blockers*. Por fin se salieron con la suya, no sólo en lo que respecta al límite del tamaño de los bloques, sino sobre todo en lo relativo a cómo cambiar las reglas del protocolo. Por fin se aceptaba que organizar reuniones con grandes empresas del sector e intentar decidir cambios en las normas del protocolo no iba a funcionar. La mayoría de los mineros tampoco tenían capacidad para flexibilizar las reglas del protocolo. Si uno quiere cambiar las normas del protocolo, tiene que persuadir y hacer campaña para conseguir el apoyo de los usuarios finales y los inversores, que tienen que aceptar las nuevas normas. Eran los usuarios normales quienes tenían el poder de decisión final, y esta era la soberanía financiera que hacía de bitcoin algo único y convincente. Tras una asombrosa victoria, la narrativa *small blocker*, según la cual los usuarios finales tenían que aceptar los cambios en las reglas del protocolo, se consideró finalmente convincente.

Sin embargo, no todo el mundo estaba de acuerdo. Algunas personas, en particular algunos de los *big blockers*, interpretaron la guerra como una batalla entre Bitcoin Core y los mineros. En su opinión, Bitcoin Core había ganado y los mineros habían perdido, por lo que los desarrolladores de Bitcoin Core ahora controlaban bitcoin. Esta opinión se mantuvo a pesar de que Bitcoin Core nunca implementó el UASF. En la mente de algunas personas, la idea de un sistema controlado por los usuarios finales es demasiado difícil de entender. En su lugar, buscan a alguien o alguna entidad que controle el sistema. Algunas personas no pueden comprender la idea de un sistema que cuente con un consenso global, pero que carezca de un líder. En sus mentes, en 2015, Gavin era el líder, luego fue Jihan y ahora es Bitcoin Core. En cuanto a si bitcoin es realmente el sistema sin líder que proclama ser y si este seguirá siendo siempre el caso, el veredicto aún está por dilucidarse. Sin embargo, después del drama y las desventuras de la guerra del tamaño de bloque, una cosa está clara: todavía hay esperanza de que la afirmación sea cierta.

Cuando se conoció la noticia del abandono de SegWit2x, el valor de Bitcoin Cash aumentó enormemente, ya que era la última moneda en pie en lo que respecta a los *big blockers*. El domingo 12 de noviembre de 2017, mientras la burbuja de criptomonedas más grande estaba en pleno apogeo, Bitcoin Cash tuvo un repunte monumental. Antes del email de Mike unos días antes, Bitcoin Cash cotizaba a alrededor del 8% del precio de bitcoin. Sin embargo, un par de días más tarde alcanzó un máximo de alrededor del 48% del precio de bitcoin, antes de desplomarse poco después. Cuando Bitcoin Cash alcanzó el máximo, la mayoría de los *small blockers* aún estaban encantados con su reciente victoria y celebrándolo. Sin embargo, es difícil creer que no tuvieran algunos momentos de nerviosismo contemplando la posibilidad de que pudieran perder su corona como moneda de mayor capitalización del mercado. Se dice que el repunte fue impulsado por los inversores minoristas de Corea del Sur, que en este periodo se mostraron especialmente frenéticos en lo que respecta a los mercados de criptomonedas. Sin embargo, la subida se desvaneció rápidamente.

Durante el boom de precios de Bitcoin Cash de noviembre de 2017, los *big blockers* estaban increíblemente entusiasmados con sus enormes ganancias. Algunos de aquellos con los que hablé habían comprado más Bitcoin Cash en el pico de la burbuja, con la esperanza de que superara a bitcoin. Había un grupo en Telegram de *big blockers* en ese momento llamado *"Chain Death"*, en referencia a la potencial muerte de la cadena bitcoin y el ascenso de Bitcoin Cash como moneda dominante. Yo no tenía acceso a este grupo, sin embargo un miembro me mostró algunos de los chats en su pantalla. El grupo incluía a muchos *big blockers* destacados y, durante la subida de precios de noviembre de 2017, la actividad fue intensa y el ambiente en el grupo era de auténtico regocijo.

La idea de "Chain Death" era que, en algún momento, el precio de Bitcoin Cash aumentaría, debido quizás a su mayor utilidad como medio de intercambio. Esto haría más rentable minar Bitcoin Cash, alejando a los mineros de bitcoin y dirigiéndolos hacia Bitcoin Cash. En este punto, la cadena bitcoin se detendría y no se extendería. Bitcoin moriría y Bitcoin Cash reinaría. Por supuesto, bitcoin tenía un mecanismo de ajuste de dificultad para defenderse de esto, sin embargo, tardó dos semanas en ajustarse. En las mentes de los *big blockers*, era posible matar la cadena bitcoin antes de que se produjera este ajuste de dificultad. En las mentes de los *small blockers*, esta esperanza de los *big blockers* era pura idiotez. Después de todo, los *small blockers* eran los pacientes; simplemente esperarían a que la dificultad se ajustara, sin importar el tiempo que llevara. También estaba la cuestión del ajuste de dificultad de Bitcoin Cash, que es mucho más rápido que las dos semanas de bitcoin. Si el precio de Bitcoin Cash aumentaba y se unían más mineros, la dificultad de Bitcoin Cash aumentaría, haciendo así que los mineros volvieran a bitcoin antes de que la dificultad de bitcoin se ajustara a la baja. Los *big blockers* nunca parecieron apreciar este aspecto del ajuste de dificultad, al menos no en este periodo.

El 15 de noviembre, cuando por fin llegó el punto de activación de SegWit2x, salió a la luz que el cliente estaba lleno de errores críticos. El *hardfork* debía producirse a la altura de bloque 494.784, sin embargo, por alguna razón, los clientes de BTC1 se atascaron dos bloques antes, a la altura 494.782.[2] Debido a errores en la implementación, el cliente implementó algunos aspectos del *hardfork* dos bloques antes de lo esperado. Esto podría haber sido un desastre para los *exchanges*, que pretendían tomar capturas de los saldos de los usuarios a la altura del bloque de *hardfork*. Además, había otros fallos críticos en BTC1, que hacían imposible la minería en la cadena SegWit2x.[3] Jeff negó primero que hubiera un problema,[4] antes de solucionar el problema unos días más tarde.[5] Debido a estos fallos catastróficos, la cadena SegWit2x nunca existió y nunca se produjeron bloques en la misma. Sin embargo, aún más importante que los fallos técnicos de SegWit2x fue que también fue derrotada utilizando medios políticos y económicos. Una derrota estrepitosa si se mira a través de cualquiera de los lentes relevantes.

El 20 de diciembre de 2017, hubo más chanchullos bursátiles con Bitcoin Cash. Coinbase había listado Bitcoin Cash y, con el entusiasmo, la moneda alcanzó los 8.500 dólares. Un récord en términos de dólares estadounidenses, pero no tan alto como el pico de noviembre en términos de bitcoin. En cuanto la moneda salió al mercado, Coinbase no pudo hacer frente a la demanda y el sistema experimentó grandes retrasos. Esto fue en gran medida un fracaso, y algunos de los *small blockers*, que no tenían una opinión favorable de Coinbase debido a su apoyo a Bitcoin XT, Bitcoin Classic e incluso Bitcoin Unlimited, no vieron con buenos ojos la situación. Acusaron a Coinbase de delitos relacionados con información privilegiada, esencialmente filtrando esta información a los *big blockers* antes de que Bitcoin Cash fuera listado.

En cuanto a Roger Ver, que había sido un promotor implacable de bloques más grandes y un *hardfork*, ahora se había convertido en el principal promotor de Bitcoin Cash, junto con Bitmain. Organizaron conferencias, eventos, fiestas, fomentaron la adopción por parte de los comerciantes, regalaron mercancía y monedas gratis, todo para promocionar Bitcoin Cash. Deben haber gastado decenas de millones de dólares promocionando incansablemente la moneda durante años.

Sin embargo, a pesar de estos esfuerzos, la moneda nunca ganó realmente tracción en comparación con bitcoin. Durante los años siguientes, Bitcoin Cash tuvo un rendimiento inferior al de bitcoin en cuanto a precio. No solo eso, sino que Bitcoin Cash incluso tuvo un menor volumen de transacciones *on-chain* que bitcoin, cuando se decía que el rendimiento *on-chain* y un aumento del límite de tamaño de bloque era el principal motor de la moneda. Peor aún, en marzo de 2018 salió a la luz que el volumen *on-chain* de Bitcoin Cash era incluso inferior al volumen de SegWit en bitcoin.[6] SegWit había aumentado el volumen de transacciones *on-chain* más rápido que Bitcoin Cash. La narrativa principal detrás de Bitcoin Cash, bloques más grandes, había sido desbaratada casi por completo. Sin embargo, el punto clave para los *big blockers* no era el volumen real de transacciones, sino la filosofía de la capacidad excedente; de tal forma que, si llegaba la demanda, los bloques no se llenarían.

Cuando esta guerra era historia antigua, en agosto de 2018, Bitmain intentó llevar a cabo una oferta pública de venta en Hong Kong. Los documentos de cotización indicaban que Bitmain había invertido más de 888 millones de dólares en Bitcoin Cash.[7] Se trataba de la mayor parte del flujo de caja libre que la empresa había generado en el mercado alcista de criptomonedas de 2017. En este momento, el rendimiento de Bitcoin Cash había sido débil y la empresa había experimentado fuertes pérdidas debido a esto. Jihan había sido un apasionado defensor de los *big blockers* y un guerrero implacable en una lucha que duró más de dos años. Sin embargo, dejó que esto nublara su juicio y tomó malas decisiones al invertir. Bitmain sufrió grandes pérdidas en Bitcoin Cash.

En parte debido a las dificultades de realizar un *hardfork* en bitcoin, la comunidad de Bitcoin Cash optó por un enfoque diferente. Realizaron un *hardfork* cada seis meses, en mayo y noviembre de cada año. En noviembre de 2018, poco más de un año después del lanzamiento de Bitcoin Cash, hubo tensiones en la comunidad de Bitcoin Cash. Craig Wright (El "falso Satoshi"), que había sido respaldado por muchos miembros de la comunidad *big blocker* en el pasado, asoma la cabeza en la historia una vez más. Craig había querido que el límite de tamaño de bloque se incrementara con un calendario aún más agresivo de lo que muchos otros sectores de la comunidad de Bitcoin Cash querían, repitiendo y regurgitando muchos de los puntos narrativos que los *big blockers* habían utilizado en la guerra del tamaño de bloque unos años antes. Aprovechando la fecha programada para el *hardfork* del 15 de noviembre, Bitcoin Cash se dividió en dos monedas: una que seguía a Bitcoin ABC, y otra que seguía a Bitcoin Satoshi's Vision, la moneda elegida por Craig. El bando de Bitcoin ABC mantuvo el nombre de Bitcoin Cash, mientras que Bitcoin Satoshi's Vision pasó a conocerse como BSV. Como resultado de la división y la incertidumbre resultante, el valor de Bitcoin Cash en comparación con bitcoin siguió disminuyendo. Tal y como esperaban los *small blockers*, algunos de los *big blockers* empezaron a ver poco a poco el mérito de la idea de que, en caso de disputa sobre las reglas, el conjunto de reglas originales es un punto de equilibrio clave. Si uno se desvía de esta filosofía, el riesgo es que la moneda siga dividiéndose en facciones cada vez más pequeñas. Los *big blockers* lo experimentaron dolorosamente de primera mano.

El 8 de noviembre de 2018, en plena batalla entre Bitcoin ABC y BSV, Roger Ver, ultra *big blocker*, dijo lo siguiente en un revelador videoblog:

> *Una cosa que creo que he aprendido un poco aquí, es que la gente de [Bitcoin] Core antes se oponía mucho mucho mucho mucho a cualquier tipo de hardfork conflictivo y creo que hay algo de mérito en tener miedo de eso, porque estamos viendo ahora mismo el daño que puede ser causado por tener un hardfork conflictivo*[8]

Al momento de escribir estas palabras a principios de 2021, Bitcoin Cash cotiza a alrededor del 1% del precio de bitcoin y es ampliamente aceptado en el espacio que el camino elegido por los *big blockers* en el verano de 2017 no fue el más efectivo.

Sin embargo, en lo que respecta a la cuestión específica del tamaño de los bloques, la rotunda victoria de los *small blockers* no demuestra que tuvieran razón. A primera vista, bitcoin ha sido un éxito tremendo. El valor de bitcoin se ha revalorizado significativamente a lo largo de los años, y la tesis del oro digital está demostrando ser más relevante. El enfoque más paciente de bloques pequeños parece haber sido correcto. Sin embargo, tal vez un *hardfork* de aumento moderado del límite de tamaño de bloque, para comprar más capacidad durante unos años, también podría haber sido un buen camino a seguir. Si se hubiera elegido este camino, quizás bitcoin habría tenido aún más éxito y habría conservado una mayor adopción por parte de los comerciantes. Nunca lo sabremos.

Aunque no hay certeza sobre quién tenía razón en la cuestión del tamaño de los bloques, ahora hay pocas dudas cuando se trata de la cuestión más amplia de la flexibilidad de las reglas del consenso y cómo cambiarlas: los *small blockers* estaban en el lado correcto de la historia. Para los más extremistas esto nunca estuvo en duda: los usuarios finales siempre controlaron bitcoin, y los *big blockers* nunca tuvieron una oportunidad real de ganar la guerra. Sin embargo, al leer este libro, se puede llegar a una conclusión diferente. Los *big blockers* podrían haber ganado esta guerra, y estuvieron bastante cerca. Al principio del conflicto, estos contaban con un apoyo significativo. Sólo gracias a una extraordinaria serie de acontecimientos y a varios errores tácticos monumentales del bando *big blocker*, se evitó la crisis y los *small blockers* consiguieron cambiar la mentalidad de la comunidad y finalmente se alzaron como rotundos vencedores.

En esencia, esta historia trata de cómo los *small blockers* habían construido una narrativa más convincente y atractiva que sus rivales. Una nueva forma de dinero en la que los usuarios establecen las reglas es mejor que un sistema de pago global de alta capacidad y bajo costo, independientemente de la veracidad de cualquiera de las dos afirmaciones. El dinero es, en última instancia, un juego de confianza colectiva, y los *small blockers* demostraron ser jugadores muy eficaces, por lo que fueron recompensados con su victoria.

Durante esta batalla de dos años, los usuarios *small blockers* vencieron a los mineros y a las grandes empresas del sector y, a pesar de que sus adversarios *big blockers* invirtieron literalmente cientos de millones de dólares en la causa, los *small blockers* obtuvieron una victoria increíble y rotunda. Bitcoin demostró que podía ser el dinero controlado por los usuarios que siempre estuvo destinado a ser.

Sin embargo, no hay garantías de que esta característica del dinero controlado por los usuarios persista para siempre. La guerra del tamaño de bloque sólo le ha dado a bitcoin unos años más de tiempo. Esta guerra puede ser sólo un simulacro de los desafíos que se avecinan, cuando los principales beneficiarios de los sistemas monetarios controlados centralmente se den cuenta por fin del potencial del dinero controlado por los usuarios, y puede que no les guste. Estas futuras batallas pueden ser sobre la resistencia a la censura, más que sobre el escalado y el límite de tamaño de bloque. Esta vez, es probable que la clase dominante financiera y política inicie el conflicto. Es posible que destinen considerables recursos al problema, y la presión sobre el sistema volverá a ser inmensa. Sin duda, la historia se repetirá, ya que el *establishment* no apreciará algunos de los matices en los incentivos, cometiendo errores garrafales en el camino, proporcionando a los usuarios posibles ventajas tácticas que explotar. El resultado está lejos de ser seguro.

Sin embargo, al menos por ahora, el sueño de un mundo en el que los ciudadanos comunes tengan el control definitivo y directo de las normas que rigen su dinero sigue vivo.

NOTAS

1. https://lists.linuxfoundation.org/pipermail/bitcoin-segwit2x/2017-November
/000685.html
2. https://bitcoinmagazine.com/technical/now-segwit2x-hard-fork-has-really-failed-activate
3. https://twitter.com/jfnewbery/status/931553723532406784
4. https://twitter.com/jgarzik/status/931543753654902784
5. https://github.com/btc1/bitcoin/commit/d09f3decfa2806515a0504be927c4384d6241dba
6. https://thenextweb.com/news/bitcoin-cash-segwit-transaction-volume
7. https://imgur.com/a/HYVg6ZJ
8. https://www.youtube.com/watch?v=rFU10-00U7A

1. 2. 3.

4. 5. 6.

7. 8.

www.ingramcontent.com/pod-product-compliance
Lightning Source LLC
LaVergne TN
LVHW032011041026
849517LV00010B/2926